管理与口才

边涛◎著

金盾出版社

图书在版编目（CIP）数据

管理与口才/边涛著.—北京：金盾出版社，2020.1

ISBN 978-7-5186-1641-1

Ⅰ.①管… Ⅱ.①边… Ⅲ.①管理学—口才学

Ⅳ.①C93-05

中国版本图书馆CIP数据核字（2019）第134568号

责任编辑：周　继　　　　整体策划：三容松

金盾出版社出版、总发行

北京市太平路5号（地铁万寿路站往南）

邮政编码：100036　　电话：68214039　83219215

传真：68276683　　网址：www.jdcbs.cn

三河市金泰源印务有限公司印刷、装订

各地新华书店经销

开本：889×1194　　1/32　　印张：6

2020年1月第1版　第1次印刷

印数：1~50 000册　　定价：38.00元

不懂得说话，你怎么做好管理工作？

　　语言是人们沟通的桥梁，也是人类有别于动物的特殊技能之一。然而有趣的是，我们大多数人从一岁起就可以咿呀学语，二三岁时已经可以说出流利的句子，但是许多人穷尽一生都未必能够学会"好好说话"。

　　所谓"好好说话"，指的自然是好口才。在生活中，总有一些口才好的人可以轻松化解问题，赢得周边人的喜爱和尊敬，也总有一些口才不佳的人因为"不会说话"而受到冷落，甚至会因为说错了一句话而被人排斥。这并不是危言耸听，许多邻里矛盾其实都是因为一句话开始的。

　　不光是在生活中，在工作中拥有好口才的人也总是能够如鱼得水，而口才不好的人就总是"多灾多难"。事实上，这一点不仅针对打工族，也受用于管理者。也就是说，好口才同样是管理者进行日常管理工作时不可或缺的技能之一。

沟通是管理者与下属传递信息与情感的重要活动，管理者拥有一副好口才可以为沟通增色不少。口才好的管理者能够轻松阐述自己的思想，让下属能够理解并且乐于接受，这也是职场上的有效沟通。有效沟通能够提升组织效率，增进团队成员之间的感情和凝聚力，而无效，乃至失败的沟通不但会浪费管理者和下属的时间，还会影响组织效率，进而引发下属的负面情绪。

在现代企业管理中，高效管理的前提就是高效沟通，当管理者和下属之间保持有效沟通，才能让工作完成得更快、更出色，起到事半功倍的效果。

由此可见，职场的说话艺术是每一个优秀管理者的必修课。

然而，没有谁的口才是与生俱来的，管理者所能掌握的说话艺术还要依靠后天的努力来实现。身为一名管理者，即便有着高于常人的管理天赋，也需要好好研磨说话之道。《管理与口才》能够助力管理者提升说话水平，成为能够与人有效沟通的优秀管理者，让管理者身处不同场合、面对不同对象时都可以侃侃而谈，巧妙地运用语言彰显自己的个人魅力，并且轻松表达思想、解决问题、征服人心，树立卓越管理者的形象和威信。

在内容上，本书针对不同要点，囊括了管理者需要面对的大部分情况，详尽介绍了不同情况下管理者应该如何应对，能够有效解决管理者的说话问题。在文章的整体风格上，本书从管理者实际需求角度出发，一改说教式生硬的写作手法，用无数简单且经典的案例、故事加以说明，让管理者能够从中领悟"好口才"的真谛，从而掌握管理与口才的联系，并且得以应用到实际场合中。

相信读过这本书的管理者，无论身处哪一个行业，无论身在哪种级别，都可以从中了解到关于管理与口才方面的真知灼见，从而提升自身的口才，为事业蓬勃发展增添助力。

目 录

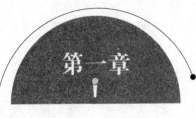

第一章

"会说"是管理者的加分项

优秀的团队管理者，都是口才好的人

所谓管理者，就是指具有某种职务头衔，以管理其他工作人员作为主要工作内容，在某个特定的部门或单位，占据着指挥地位，同时具有引导、指导下属等能力的人。身为管理者，就要在其位谋其政，必须积极表现自己，带领下属不断进步，只有这样才能够成为一名上级信任、下级拥护的称职领导。

口才是指口语交际的才能，简单来说，就是善于讲话，让大家听得懂并愿意听。古希腊有一个寓言故事将舌头比作怪物，原因是舌头既能够用最美好的词语把一个人捧到天上，也能够用最恶毒的语句把一个人摔到地上。所以才有了"良言一句三冬暖，恶语伤人六月寒"这句俗语。舌头有着颠倒黑白的能力，在那些谎话连篇的人嘴里，美的可以变成丑的，国王可以变成乞丐。

那么，领导者的口才又有多么重要？

戴尔·卡耐基曾经说过："一个人成功，约有15%取决于专业知识，85%取决于沟通能力——发表自己意见的能力和激发他人热忱的能力。"

如果一个管理者拥有好口才，那么他就能够轻松处理好自己的工作和生活，而且懂得发现和享受生活的乐趣，并且更加容易得到员工的尊重和信赖。反之，没有好口才的管理者会让事情一塌糊涂。

为什么这么说？

在工作场合，管理者是一个团队的核心人物，由于身份和职务的特殊，决定了管理者所具备的综合素质必须高于普通员工。在众多素质中，口才艺术可谓重中之重。从根本上来看，管理者口才的好与坏，直接与其管理工作的效果挂钩。

口才如何成就一个人，早在古代的文献中就有诸多记载，像是大众耳熟能详的"晏子使楚"，这个故事就是为了告诉大家口才的重要性。到了现代，更有马云、王健林等成功企业家作为好口才的代表。

事实上，生活中方方面面都涉及到好口才。比如两个女孩吃了晚饭后去逛夜市，女孩A在一家摊位前看到一个手环很好看，就问老板："老板，这个多少钱？"老板抬头看了看她说："20元一个。"女孩A接着说："老板，我买一对，你给便宜点吧！"老板摆摆手说："大姐，不行，20元是最低价了。"

听了老板的话，女孩A放下手镯拉着准备继续讨价的女孩B走了，女孩B说："怎么了，还没说好价格怎么就走了？"女孩A气恼地说："你看那个老板看起来比我还大，居然叫我大姐，我有那么老吗？"女孩B想想也是，哪个女孩愿意被人说自己老呢？那个老板真是太不会做生意了。

而后两个女孩继续向前走，看到另一家摊位也有同样的手环，于是女孩A问老板："老板，这个多少钱啊？"老板说："20元一个。"女孩A又说了同样的话："老板，我买一对，你给便宜点吧！"老板笑着说："美女，这个真的便宜不了，本来就不挣钱，你看你戴上去多好看啊！20块钱真不贵。"这次女孩B还没说话，女孩A就笑嘻嘻地把手环买了，还顺便买了其他的小首饰。

前后只是换了个称谓的问题，但却让人感觉特别不同。试想一下，这件事情放在单位里会是怎样的结果，如果管理者笨嘴拙舌，总是说一些员工不想听、不愿意听的话，又怎么能够服众？不能服众的管理者又怎么可能把团队管理好呢？

其实，口才不好的人当不好称职的领导，也算是情理之中。在实际生活中，谁都不愿意和话不投机的人多说话，而管理者词不达意、方法不当，都容易激化与员工之间的矛盾，把事情弄得一团糟。一个管理者对于员工的心理不够了解，不懂得运用说话技巧，说话时不顾场合、不分对象，这样的管理者自然是不称职的。

管理者如果出言不慎，很可能让整个团队都遭殃。两百年多前就有一个人因为说了一句不该说的话，改写了人类的历史。

1803年，第一艘以蒸汽机为动力的轮船问世了，它的建造者就是富尔顿。同年8月，富尔顿听说拿破仑想要穿过英吉利海峡与英国作战，他意识到自己的机会来了，于是十分开心地来到拿破仑面前推销蒸汽动力船。富尔顿原本以为拿破仑会毫不犹豫地买下他的发明，但是有句话叫做乐极生悲，他在滔滔不绝中说错了一句话，直接让拿破仑将他拒之门外。如果当时拿破仑采纳了他的意见，拿破仑后半生乃至整个法国的历史都可能会重写。

当时，富尔顿是这样说的：一台20马力的蒸汽机就像是20面鼓满的风帆，陛下的舰队再出航就无须担心天气因素，到了那一天，别说是纳尔逊，即便是兔子，也没办法跑过陛下，到了您旗开得胜那一天，就是这个世界上最高大的人了……

富尔顿还在神采飞扬地说着，但是拿破仑的脸色却越来越不好看，他直接打断了富尔顿说：你只说船快，对于铁板、蒸汽机、煤这些东西的重量却一句话都没说，我不说你是个骗子，你也是个十足的傻瓜！

富尔顿不小心说到了拿破仑最忌讳的身高问题，就好比在没有头发的人面前说灯亮，一下子触及了拿破仑最不想提及的问题。或许拿破仑还有别的理由才选择拒绝富尔顿，但不可否认的是，富尔顿的话确实让拿破仑很不舒服，也让他失去了说服拿破仑的机会。

后来英国人买走了富尔顿的轮船专利，用这个打败了拿破仑。有军事评论家这样评价这件事：如果拿破仑不计较富尔顿的话，购买了蒸汽动力船，那么他就有可能打败英国。这样一来，十九世纪以后整个欧洲的历史，都会变成另一个样子。

这件事值得我们警醒。口才是管理的最后一公里，主持会议需要依靠口才，激发员工潜能需要依靠口才，与他人介绍团队需要依靠口才，与人达成合作需要依靠口才，维持合作伙伴的关系需要口才……想成为一个好的团队管理者，处处都离不开口才。

对于管理者而言，说话和做事其实可以融合为一件事，两者之间你中有我，我中有你。好口才决定领导力，好口才是管理者必须具备的高等技能。

在员工面前，三言两语树立威信

身为一名管理者，需要明白一个道理，那就是即便你是企业的老大，在人格角度和自然人角度来看，你和员工之间并没有什么分别，更没有高低贵贱之分。站在这个层面来看，管理者是没有什么特权的，甚至管理者手中"赏罚"的权力，也需要建立在员工认可和接受的前提下。

这种权利其实并不牢靠，因为员工可以随时选择"辞退"自己的老板。这个时候管理者手中无论掌握着什么权利，也都没有任何意义了。那么，管理者应该怎么让员工信服自己呢？相信成功的管理者都会不约而同给出一个答案——树立威信。

威信作为一种客观存在的社会心理现象，决定了他人是否愿意接受对方的影响。任何一个管理者，都会在管理工作中逐步树立自己的威信。因为在员工心中，有威信的管理者能够让他们产生强烈的归属感。总的来说，一个有威信的管理者就是团队的精神领袖，当一个团队的行政领袖和精神领袖融为一体时，这个团队就能够发挥最大的力量。反过来讲，如果一个团队的行政领袖和精神领袖是分开的，那么团队中的普通人员会向行政领袖靠拢，而优秀人员会向精神领袖靠拢。

那么，从哪些方面可以看出一个管理者的威信呢？

答案就是管理者的影响力。一般来说，一个管理者发出的命令有人执行，而且在团队中能够一呼百应，所有职员都愿意接受其指令，且其管理方面具有较高的灵敏度，这样的管理者绝对算是有威信的。管理者在团队中会处于一个非常受欢迎的位置，员工乐于接近，甚至会主动学习管理者的价值取向、思维方式和行为准则，整个团队会形成以管理者为核心的组织结构，从而使员工产生较强的归属感。

在员工面前树立威信的方式有很多，但是很多管理者都忽视了一条，那就是口才。举个例子，一个人刚刚胜任某器械制造厂的车间主任，有一天他在车间巡视的时候发现一个工人的技术不够好，于是他指出了这个工人的不足之处，而且传授给工人一些经验。工人是个年轻小伙子，听到主任说自己难免有些不服气，面对车间主任始终一声不吭。

车间主任看到工人的表情，知道自己没有说服对方，他略做思考，让工人站到一边，自己动手上车床演示起来，结果自然是又快又好。一时之间，许多工人围了过来，纷纷赞叹车间主任的技术高超。如果事情到这里结束了，那么新官上任的车间主任无疑在众人面前树立了自己的威信，可车间主任偏偏说错了一句话。他说："技术不比你们好，我能当上这个车间主任？我不是吹牛，在咱们车间，谁技术要是能比我好，我马上退位让贤。"

一个人之所以能够成为团队的管理者，无论团队的大小，其本身一定有什么过人之处，无论这些过人之处体现在侧面还是正面上。身为管理者，如果时刻以展示自己比员工高明的方式来树立威信，那就大错特错了。

威信不等同于轻狂。上述故事中的车间主任很明显就犯了这个错误，说出去的话并没有体现出他的技术多么高超，反而让人感觉他极端不自信，他显然没有明白自己作为一个车间主任究竟担负着怎样的责任。退一步来讲，如果真的有好事之徒以此为借口要与他切磋技术，他究竟是不是应该应战？如果应战，万一输了是不是真的要让出职位。如果不应战，那岂不是成为车间的笑谈。

所以说，口才对于管理者树立威信有着至关重要的意义，尤其是一些下意识的话，一旦像上述故事中的车间主任一样被人抓住了小辫子，想要树立威信就是难上加难。

除此之外还有一种情况，那就是一个人年纪轻轻就当上了管理者，他应该如何在年长的员工面前树立威信呢？

年轻的管理者往往会忽视这个问题，或者有心无力，认为员工比自己年长很多，许多话都说不出口。其实，作为年轻的管理者，完全可以用自己的好口才去树立威信。再举个例子，一个女孩毕业于名牌大学，毕业后顺利进入一家私企。工作后女孩十分努力，经常熬夜加班，不到两年就成功晋升为部门主管。

晋升后女孩自然十分开心，自己的努力没有白费，于是她暗下决心要更加拼命工作。可是部门里比她年纪大的同事们却开心不起来，他们觉得这个女孩"不简单"。很快公司里谣言四起，说女孩是依靠家里才坐上了这个位置，更有甚者说出的谣言不堪入耳。

这些谣言很快传到了女孩耳朵里，女孩又委屈又气恼，自己来自一个小县城，父母压根没有来过大城市，更别说有什么人脉资源了，自己明明是通过努力换得了这个职位，却要被人这样中伤。女孩回到家想了一宿，决定第二天晨会的时候澄清这个谣言。

第二天，女孩早早来到公司，思考应该如何说，最终她在晨会上告诉大家："我是来自小城市的，没有你们说的强大的背景，也从来没有想过投机取巧，我能够做到现在的位置，都是靠自己的努力。如果有谁觉得不服气，可以拿你们的业绩来说事，如果你们没有那样的能力，请别再否定我！"

女孩说完后看大家都不说话，以为自己的话起效果了，就开始安排当天的工作。可令她没想到的是，自那之后公司关于她的谣言更多了，她思来想去，最后决定辞职。

其实女孩就是吃了口才不好的亏。如果她当时这样说："在座的许多都是我的前辈，身上有很多地方值得我学习。我来自小城市，又年轻，没什么阅历，许多事情考虑可能不够全面，还需要大家帮助。或许以我现在的能力还不能胜任这个职务，但只要给我时间，相信在大家的帮助下，我一定能够让自己快速成长起来，我们大家一起努力，让部门越来越好。"或许事情就会不一样。

言归正传，一个管理者一定要有好口才，才能够在员工面前树立威信。但要注意的是，口才好是优秀管理者的基本素质，可言多必失，没必要在各种场合多讲话，这并不是正确的树立威信的方式。正确的方式是直击要害，让对方听进去。

好口才，轻松增强团队凝聚力

在工作中，常常有人说"会干的不如会说的。"许多人在参加工作后会发现，单纯依靠娴熟的技能和勤恳的态度，是无法在职场上游刃有余的。虽然工作中确实离不开先天的能力加上后天的勤奋，但好口才会让工作变得更加轻松。尤其是对于团队管理者而言，拥有好口才会让管理工作更加得心应手。

一个企业的好与坏，看看团队的工作氛围就知道。大多数时候，团队给一个人带来的影响，主要体现在精神方面。当一个团队充满积极向上的氛围时，每一个团队成员都会对未知的挑战充满信心；当一个团队充满斗志时，每一个团队成员都会对手头的工作充满激情；当一个团队充满创新意识时，每一个团队成员都会有极强的创造力。

如果团队成员具有良好的感觉，那么这个团队一定是和睦融洽的，也就是我们常说的一个有凝聚力的团队。有人说，企业之间的竞争最终是人才的竞争。对于企业来说，人才就像是一颗颗珍珠，企业想要做好这条"珍珠项链"，不光需要买回来又大又圆的珍珠，还需要穿针引线把这些珍珠穿起来，而其中那条看不见的线就是凝聚力。

想要让珍珠项链做得更加精致，选择什么样的"线"很重要。如果没有这条线，或者这条线质量不好的话，无论珍珠多么大、多么圆，都只能散落在盘子里，不能变成一串漂亮的珍珠项链。

既然凝聚力对于一个企业或者说团队有这么大的作用，那么身为管理者又应该如何去培养团队的凝聚力呢？

首先要弄清楚管理者充当着什么样的身份，还是用上述的例子来比喻，人才是珍珠，凝聚力是线，企业是珍珠项链，管理者无疑就是穿针引线的人。失败的管理者不仅选不对线，还会把珍珠项链弄得乱七八糟，无法成为一个闭环。

说到底，一个企业的凝聚力都要依靠管理者来牵线搭桥，这就要求管理者必须是一个懂得团结的人。一个不懂团结合作的管理者，是没有办法培养出一直优秀队伍的，更不要奢望团队中具有凝聚力，最后只能以失败收场。

管理者在塑造团队的凝聚力时，口才好与坏至关重要。管理者作为团队的核心，应该深入到员工中，了解大家的想法，同时给予大家信心与关怀。当员工感受到来自领导的关怀时，就会用自己的真实行动回报给企业，不仅会努力工作，还会对管理者充满信心，更加理解和配合管理者的工作，这样的团队就会具有很高的凝聚力。反之，如果管理者没有办法处理好和员工之间的关系，员工心中对管理者充满怨气，那么一定会影响工作效率，企业势必也会受到影响。

想要处理好和员工之间的关系，当然离不开说话，这个时候好口才的作用就凸显出来。例如，一天，某家新开的公司业务方面出现问题，一个客户的工程款迟迟不到账，而另一边又在一直催账，老板顿时慌了手脚，生怕到嘴的生意跑了。转眼到了发工资的时候，老板手头的资金周转不过来，思前想后，他想到了延缓发工资，于是趁着下班前的十分钟组织大家开了个会。

全员到齐后，老板叹了口气，有些懊恼地说："兄弟姐妹们，你们也都知道，我们的客户拖着工程款不肯结算，这阵子公司不好过，这个月大家都要勒紧裤腰带，我们的工资稍微晚几天发。这点难题不算什么，我们要坚持自己的梦想，我一开始不也是什么都没有，现在照样有房有车，相信我们可以一起渡过难关！我们公司的发展前景还是十分广阔的，许多客户争相与我们签约，未来的项目会源源不断，以后大家一定会过上最好的生活……"

老板在会议桌前慷慨陈词，越说越激动，可另一边，员工在会议桌前耷拉着脑袋昏昏欲睡，有几个还在桌子下面摆弄着手机。很显然，这是一个没有什么凝聚力的团队。老板虽然只是想推迟几天发工资，但是却会让员工有种故意克扣的感觉。毕竟，一个遇到事情自乱阵脚、说话让员工不爱听的管理者，注定是失败的。

优秀的管理者们会怎么说呢？他们会说："我们最近遇到了一些情况，相信大家都知道，我也不多说了。现在的问题是，由于这个特殊情况，这个月的工资可能会晚几天发，如果谁需要用钱的可以先找我要，都是一家人，别客气！等这些事情过去了，咱们找个地方旅游去！"

同样的意思，换了个不同的方式，谈话效果高下立见，这就是说话的艺术。这样说的好处是，如果不是员工急需用钱，他是不会开口借钱的，但他分明可以感受到管理者"再苦不能苦员工"的态度。一个管理者拿出这样的态度，相信绝大多数人都愿意成为他的员工，并且与他并肩作战，将问题解决掉。更重要的是，在这样的团队中工作，员工会有很强的归属感，团队凝聚力自然也就很强。

除此之外还有很多时候需要考验管理者的口才，比如员工出现分歧的时候，只有好好处理才能够避免员工之间的矛盾，让团队的凝聚力不受影响。

管理是一件需要落到实处的东西，许多管理者都有一套自己的管理方法，有的甚至深谙各种管理门道，对各种管理理论也是倒背如流，但是等到真的去做管理员工这件事情的时候，又无法准确地使用相应的解决方案。口才这方面也是如此，许多管理者都知道自己需要好口才，但是却不知道如何才能做到这一点。其实很简单，多听、多看、多练，自然就能拥有好口才。

当管理者的每一句话都能说到点上，增强团队凝聚力就是一件十分轻松的事情。

不要一直"好为人师"，让员工自己寻找答案

从成为管理者的第一天开始，你和同事们之间的关系就和以前不一样了，你们之间的沟通也不再是一般意义上的工作沟通。但也许有的管理者年纪稍大一些，总希望别人多听自己说话；也许有的管理者刚刚走出校门没多久，怀念上学时的谈话氛围；也许有的管理者想体验一把做老师的感觉……总之，总有一些管理者会情不自禁地把"诲人不倦"的一套模板搬到工作中来，以为这样可以让员工更加钦佩自己，可是效果呢？

虽然这种的做法很常见，但是却不见得有什么积极效果。经常会有管理者对着员工说了几个小时的大道理，上到宏观宇宙，下到微观世界，从市场开发说到了内部管理，国内国外无一遗漏，说了这么多，员工一直不为所动。有的管理者还会沾沾自喜，认为员工听不懂自己说的是什么，恰好彰显了自己的

学识渊博。可事实是，这些信息并没有进入员工的脑子。

很显然，这些信息对员工的工作没有一丝帮助，员工才没有理由听进心里去。

管理者在此时犯了一个错，那就是最好的沟通不是传递信息，而是谈话的双方产生共鸣。在实际生活中，有很多管理者在谈话时遵循这样的步骤：一开始要求大家畅所欲言，鼓励大家多说话，可是说着说着他就忘了自己的初衷，即便别人都不发言了，他还是会喋喋不休地说个没完。这样的谈话说的多半是无用的废话，自然无法对员工起到真正的意义。

只有当管理者说的话引起了员工思考，同时让员工产生了互动的时候，才能够有效传递信息。否则，员工就像是听一段枯燥的单口相声，并没有什么作用。

对于管理者而言，最忌讳的就是动辄以老师自居。能够成为管理者的人毋庸置疑是有一定才华的，但有些管理者免不了恃才傲物，总是喜欢做出一副"我什么都懂"的姿态，认为自己在这个领域是行家，认为下属处处不如自己。于是，无论何时何地都喜欢以训斥的口吻告诉员工应该怎么做，以此来享受员工对其五体投地的感受。而且这类管理者认为，员工所有的行为都必须严格按照他们的要求来，只有这样才能够真正展现自己"领导"的地位，才能够被员工仰视。

例如，一位管理者在其部门会议上对员工横加指责，一边不停用手击打着椅子上的扶手，一边用嘲笑的口吻评价员工的工作成果："你们做的这些东西我根本没有细看，只是看了个大概就知道不符合要求。你们平时要学学我，多看看书，这样才能够明白我说的话是什么意思，才能理解到我这个层面的人都在想什么。"虽然员工的工作结果可能真的不尽如人意，但这样的说辞难免会让员工丧失工作激情。

那些在员工面前表现出"你们必须向我学习，我这些方面都比你们强"的管理者，是典型的"家长式管理"。在这种管理的高压形势下，员工的思想被禁锢，不敢表达自己的真实观点，所有的事情都是系在管理者一个人身上，这样的组织必定是脆弱不堪，生命力不会长久。

这种类型的管理者还有一个通病，那就是不肯承认自己技不如人，哪怕事实就摆在眼前，也要想办法进行遮掩。可是，有些事情并不是一个人拼命遮掩旁人就真的会忽视了。比如，管理者在开会时提出了一个难题，大家讨论了许久也没能解决，此时一个员工灵光一现想出了解决办法，管理者非但没有表扬，反而夸起了自己："其实这个方法我也想到了，只是没有说出来。你们看，在我的指导下，你们进步得多么快……"这样的管理者，也是变相地打击员工的积极性，长此以往，员工难免有所怨言。

除此之外，还有一部分管理者会犯这样的错误：员工向他寻求帮助，他不假思索就告诉员工答案。为什么说这种行为是错误的？

管理者的价值在于帮助员工成长。因此，在日产管理工作中，管理者需要通过各种途径帮助员工实现自我升华，在完成既定工作的同时，让员工的能力得到提升，同时积累处理事情的能力。而达成这一目标的最佳途径不是告诉员工标准答案，而是想办法让对方自己思考。

可真实情况是，很多管理者并没有想清楚这一点，与启发员工相比，他们更加倾向于直接给出答案。遇到员工求助时，他们会不由自主地侃侃而谈，以此来展现自己的知识和阅历，甚至好为人师到细枝末节的地方也要讲一遍。在他们眼中，这才是自己的价值所在，给员工答案是一方面，另一方面也可以满足自己的虚荣心。

那么，管理者应该如何启发员工寻找答案呢？很简单，只需要改变行为方式，当员工求助时少说多听，了解清楚员工的问题出在哪里，然后可以用提问的方式逐步引导员工找到答案。比如员工说自己不知道应该怎么做一个关于公司周年庆的策划案，那么管理者可以向员工询问"有没有参考其他公司的策划案"，如果员工说有，那么管理者可以接着提问"那他们的策划案都是什么形式的？"或者"那你觉得他们的策划案有什么闪光点吗？"总之要引导员工找到自己想要的答案。

对于那些"好为人师"、习惯了喋喋不休的管理者来说，提问题的方式显然比较痛苦，甚至有时候员工也会不配合，可即便如此，也不应该放弃这种方式，除非管理者已经做好了一辈子回答同一类问题的打算。要知道，管理者的价值不在于给员工答案，因为管理者不会一直追在员工的屁股后面跑。如果管理者不改变，总是绞尽脑汁告诉员工答案，不但管理者会觉得工作太累，员工也会觉得整日无所事事，要么留下来混日子，要么选择离职。无论是哪种结果，都是管理者不愿意看到的。

其实，和给出答案相比，提问题并不是一件简单的事情，关键点在于问题是否有价值。想要让问题有价值，管理者就必须了解员工的想法，以及整件事情的背景，还要掌握一部分解决问题的惯用框架，利用这些因素帮助员工想到解决问题的办法。如果要提出更加高深的问题，还需要保持高度的耐心，同时付诸大量精力，员工提出观点的时候，要适当追加问题，让员工时刻保持思考，探寻事情的本质，找到解决方法。或许管理者第一次用这种方式帮员工解决问题会消耗很多时间，但如果可以培养员工自我的独立意识，那么这种付出绝对是值得的。

做为一名管理者，请压制自己"好为人师"的想法，让员工自己找答案，这才是高级管理。

居高临下的对话会让员工感到不适

身在职场，所有员工都希望自己的上司是一个好领导，能够给予自己工作上的指导。如果能遇到一个好领导，那职场生涯就会变得特别顺利。而管理层的人也都希望自己能够成为一个好领导，让下属从心底里信服自己，愿意听候自己的差遣。

那么，在职场上，什么样的管理者才能算得上是一位好领导呢？

职场上，经常会出现这种现象：一名员工在职场上的地位并不高，但平时乐于助人，同事们也都十分愿意和他交朋友。但有一天，他通过自己的努力成为了管理者，之前的同事都以为他会是一个好领导，但是此时他却表现出一副居高临下的样子。无论面对什么事情、什么人，他都喜欢站在一边指指点点。这样的管理者势必会引起员工的反感，他的领导力和权威性，还有之前在同事面前积攒的好印象也会逐渐消失殆尽。

对于一个优秀管理者来说，最能够体现自我的一点就是员工愿意围在他身边，愿意听从他的指挥和调遣。而当管理者自身出现问题的时候，他愿意虚心接受他人的建议并及时改正，不会滥用自己的职权把责任推卸到员工身上。

真正优秀的管理者从来不需要用高高在上的姿态来展示自己，越是甘于放低姿态的管理者，越是能够在员工群中得到最多的呼声。因为他放低的是姿态，得到的确实巨大的影响力，以及员工发自内心深处的服从。

但这个世界没有人是生下来就会做领导的，管理者想要放低姿态，完全融入到员工中，就要杜绝居高临下式的对话。大多时候我们会看到"员工千万不要对老板这样说"这类的文章，但是很少有人会写"老板不要对员工这样说"这样的文章。其实万物都是相对的，员工不能对老板说的话，就有老板不能对员工说的话。

如果管理者在和员工交谈时，想要避免带给员工居高临下的姿态，那么就千万不要说这些话：

1.你是我花钱雇来的，这里轮不到你指手画脚

老板带着新员工出差，去和客户谈生意，在谈论到某件事情时，老板一时之间没想起来如何回答，正在他组织语言的时

候，新员工主动替他回答了。客户听了新员工的答案后，先是微微一愣，然后就岔开了话题，后期无论老板怎么把话题引回来，客户都不接茬了，眼看着这单生意就要黄了，这可急坏了老板。

回到了住所，脸上原本挂着笑的老板板起了脸，并对新员工说："你是我花钱雇来的，这里轮不到你指手画脚。还有，以后没事别在客户面前卖弄，不知道自己几斤几两吗？"新员工在看到客户的态度时就猜想自己说错了话，老板此时的话更是让他感觉无地自容，出差结束后新员工就迫不及待选择辞职了。

新员工说错了话，老板理应批评他，可是"你是我花钱雇来的，这里轮不到你指手画脚"这样的言论会让人觉得老板趾高气扬，又冷酷无情。面对其他问题时说这句话的效果也是一样，提醒员工自己是他的衣食父母，这种滥用权力的方式并不能培养员工的忠诚度，更不能帮助他们改正错误。一个优秀的管理者应该懂得怎样去启发、指导员工，而不是威胁员工按照自己的想法来。

2.我每天都工作到晚上两点，你们呢？

一天，公司因为客户临时提出要求，不得不组织一行人加班。趁着晚上吃饭的时间，一个员工悄悄抱怨："天天加班，感觉自己快累死了！"另一个员工接着说："谁不是呢？你看我这白头发，再这样下去，我的头发就该全白了。"就在大家七嘴八舌讨论的时候，没有人注意到老板已经从办公室走了出来，正站在一个不起眼的角落听大家聊天。

两三分钟后，老板咳嗽了一声，原本小声议论的几个人瞬间安静下来，老板向这几个人走去，在距离他们还有两三米的地方停了下来，而后来回踱步。十几秒钟后，老板清了清嗓子说道："我每天都工作到晚上两点，你们呢？不要因为这一点点的压力就拼命抱怨，有本事自己去做老板，到时候你们就知道当老板有多辛苦了。"

一个管理者告诉员工自己工作到很晚，其实是向员工施加压力，以此强迫员工加班加点地工作，这样未必会达到预期的效果，反而会让员工觉得不满。毕竟，就算管理者一周连续工作七天，也不意味着员工应该一起跟着加班。

3.公司的钱不是大风刮来的，省着点花

公司要求员工出差，完成工作后要员工自己买票回家，并且说明公司可以报销。但当时恰好是铁路的高峰期，员工没有买到车票，对老板说明情况后，老板无奈地说："那就买第二天的车票吧！今天先找个地方住一宿。"

员工去找住的地方，却发现便宜的旅馆都已经人满为患，

只能去住400元一宿的酒店。到了员工报销的时候,老板看着400元的发票问道:"不就是住了一宿吗?怎么花了这么多?"在老板看来,住一宿最多花200元,员工住的房间很明显超出了老板的预期,员工只好向老板说明情况。老板了解了前因后果后,说了一句:"哦,是这样啊!咱们公司的钱也不是大风刮来的,公司正处于起步阶段,以后省着点花!"

下班后员工找朋友抱怨,说自己的老板太小气了,平时老板经常带着一家老小出去旅游,自己没办法了住了个400元的酒店就要被老板说着说那,这老板人品不行。

总有一些老板,嘴上说着要节约成本,但是却舍得给自己的办公室放按摩椅,自己的办公室所有用具都是最好的,却给员工们最低配置。每个企业都有可能遇到经营困难的时期,在这样一个举步维艰的时期,员工愿意跟随善解人意的老板,因为这样的老板值得尊重,同时也更明白企业所处的位置。而对于那些用不同标准来对待员工的领导,每个人都会敬而远之。毕竟这是一个到处都是挑战的时代,管理者只有以身作则才能够让员工信服。

除此之外,有些管理者认为,想要让员工信服自己就必须掌握足够的权利,也就是说自己说出去的话员工必须认可和执行,甚至员工不想做的工作也要强迫对方去做。这其实是不对的,即便员工无力反对,也并不表示认同,这样只会培养出阳奉阴违的员工，对企业的发展是十分不利的。

管理者想要让员工对自己心服口服，可以尝试由衷地赞美、关心员工，当员工顺利完成一项十分艰难的工作时，不要吝啬那句"你真棒"；当员工通宵达旦完成一件工作时，不要吝啬那句"注意身体"……不仅仅是这些，还有很多话是可以让员工感受到来自管理者的温暖的。

有句俗话说的好，种花的人身边鲜花环绕，种刺的人身边满是荆棘。我们都希望得到这世界的公平对待，也希望人际交往中人人平等，在工作中想要获得这种平等的状态，就需要管理者放下身上的光环，不要总是以居高临下的态度面对员工。

正如苏联伟大教育家苏霍姆林斯所说，"只有尊重别人的人，才有权受别人尊敬。"无论面对什么情况，自以为是的人都不会受到欢迎。只有学会平等而公正地对待身边的每一个员工，才能够让管理者拥有强大的气场，获得更多员工的喜爱。用高高在上的眼光去看待员工的管理者，只会一次又一次地伤害员工的心，让自己变成一个孤家寡人，这恰恰是一件很可悲的事情。

第二章

应变，管理者的对话之道

不同场合用不同的方式对话

古人有句话叫做"穷则变，变则通，通则久"，意思是一件事情发展到了极点，就要发生变化，只有发生变化，才能让事物的发展不受限制，事物才能不断发展。这是古人流传下来的宝贵经验，也告诉现代人，面对问题要学会灵活处理，当外在的因素发生改变时，人也要跟着改变。

秦孝公为改变秦国的状况选择启用商鞅变法，终于使原本实力较弱的秦国变强，也为秦始皇称霸七国统一华夏奠定了基础。无数事实告诉我们变通的重要性，同时也说明了变是更好生存与持久发展的永久王道。

说话也是一样，需要根据情况做出改变。说话需要顾及所处的场合，不然的话，即便是很好的话题，哪怕用了优美的词藻，也不能达到预期的效果，有时候甚至会适得其反。

试想，当一群朋友参加聚会的时候，你说的每一句话都像是在做报告，那么朋友们会怎么想？或者是在参加一场追悼会时，轮到你发言了，你却像是一个相声演员，语言幽默风趣，让人忍不住想笑，这样又会产生什么样的效果呢？

所以说，说话的艺术很重要的一点就是注意说话的场合，尤其是对于一个企业的管理者来说。如果管理者正在参加一个十分严肃的竞标会，轮到他发言时却一直在说一些引人发笑的话，那么这个竞标会一定会以失败收尾。而如果管理者在公司组织的聚餐中一直喋喋不休说工作方面的事情，那么也一定会让员工感到反感。

在什么样的场合要说什么样的话，这是一个管理者必须具备的素质。想要让自己变成一个在任何场合都"会说话"的管理者，可以从以下几点入手：

1.不说不合时宜的话

F公司和G公司刚刚达成了合作关系，两家公司的管理者相约在一起商讨关于进一步合作的事宜。巧合的是，在两个人见面的前几天，F公司管理者的父亲去世了。F公司管理者的母亲早早就去世了，他和父亲两个人相依为命几十年，父亲的突然离世让他十分伤心，他本来想推掉工作，但是想到好不容易和G公司签了合同，现在放弃有些可惜，思前想后他还是决定赴约。

F公司和G公司两家的管理者见面后一阵寒暄，随后开始商讨合作的具体事宜，一上午过去了，两个人都觉得饿了，决定先找个地方吃饭，下午接着聊。在和F公司管理者走出公司大门的时候，G公司管理者笑着说道："听说你的父亲去世了，别太伤心，生老病死是人之常情嘛，你父亲什么时候办追悼会，到时候我一定过去看看，去送送老人家。对了，我们今天去哪吃饭？"

F公司管理者好不容易暂时放下了父亲的事情，经G公司管理者一提醒，他又觉得十分伤心，饭也没吃就走了。

一个人哪怕长得眉清目秀，不会说话就会让人不喜欢。比如一个人的朋友结婚，他去参加婚礼，喜宴上一切井然有序，可新郎新娘敬酒的时候，他不知道是喝多了还是没想那么多，对新郎说："就咱哥俩儿的交情，下次你结婚我还来！"周边的人面面相觑，新郎新娘的面色也十分难看，而他自顾自地喝酒，一副什么也不知道的样子。这样说话不合时宜的人，以后别人家再有婚丧嫁娶的事情，想必都不愿意再找他。

管理者也是一样，在合作伙伴面前也好，在员工面前也好，说话不合时宜总是会让人觉得讨厌。时间久了，大家都知道他说话不合时宜，就会对他敬而远之。

2.说话一定要言必有中

小Q刚刚晋升为某文化公司的部门主管，负责审查手下编辑的稿件，可是最近他却觉得十分困扰。事情是这样的：小Q自己做编辑的时候，主管会查阅他写的文章，并且将其中有问题的句子都标注出来，他一直以为这是很简单的事情。可是等到小Q自己做了主管，才发现事情并不简单，如何准确地指出他人文章中的不足，这一点难坏了小Q。

一天，小Q看到员工W的文章，认为写的不合格，于是要求对方重新写一篇。可员工W写了三篇都没让小Q满意，员工W就拿着自己的文章询问小Q，究竟想要什么样的文章。小Q支支吾吾了半天，说不上来究竟什么样才算好，只能告诉对方："就是能够让我看下去的，你这篇文章我看个开头都看不下去了。"员工W得到答案后回到了自己的工位，但他冥思苦想，还是不知道小Q到底想要什么文章。

有些人说话老是抓不住重点，让人觉得云里雾里。其实，我们每一个人说话都想要语句完整，最好合乎语法规范，可是在某些特定场合，就不能简单依靠这种方式来说明问题了，语言简练与否并不是那么重要，重要的是言必有中。比如，一个人坐出租车去一个地方，行驶到十字路口附近时，他看到对面仍是红灯，但是司机并没有减速的意思，于是对司机说："红灯！"司机听到后马上做出反应，踩下了刹车。可如果乘客抓不住重点，对司机碎碎念："我觉得行车还是要遵守交通规则，红灯是告诉我们不能通行，绿灯才是可以通行。当我们看到红灯的时候，需要遵守交通规则，踩下刹车，把车停在那条线以内，保障我们的安全。"那么相信司机一定不会理解乘客的意思，甚至会认为这个乘客"脑子有问题"。

3.巧妙利用方言

Y公司正在和Z公司展开跨省合作。这天，两个公司的管理者相约在一起洽谈合作事宜，当Z公司管理者风尘仆仆抵达酒店时，Y公司管理者马上迎了出来，用Z公司管理者家乡的方言向他问好。虽然只是简短的两句话，但是却十分地道，这让常年不在家的Z公司管理者感到十分亲切，两家公司的合作也顺利达成。

事后，秘书询问Y公司管理者什么时候学会Z公司管理者家乡方言的，Y公司管理者神秘地笑了笑，说道："昨天才学会的，而且我只会那么两句。不过我想，Z公司管理者听见我这样说话一定会很开心。"

事实上，不光是说话的方式和内容需要根据场景切换，说话的口音也可以根据场景切换。比如一位成功人士来到家乡进行演讲，普通话中间夹杂着一两句当地方言，一定会让当地人感到十分开心，让他收到意想不到的效果。

在不同场合用不同的方式对话，这是长久以来，人们通过实际交往的案例进行的总结。谈话场合会影响很多因素，包括对话题的理解、观念的形成、谈话的心理、交谈的结果……所以，在谈话时，管理者必须考虑场合，巧妙地利用场合效应，让自己成为人见人爱的管理者。

与下属沟通，言辞温暖会更让人感动

管理者在进行管理工作时有一点需要注意，就是要善待下属。管理者希望自己的团队具有荣辱与共的精神，就必须善待下属，温暖员工的心。只有管理者让员工感到温暖，员工才愿意主动为公司发展做出贡献。

成功的管理者有一个共通之处，那就是关注细节，他们做事情都会从点滴做起，一些别人看起来微不足道的事情，在他们眼中都至关重要。也正是因为如此，管理者才能够让员工在不经意间感受上级给予的温暖。

在众多的细节之中，言语是最容易被忽视的一点。事实上，管理者对于员工的关心一定要在语言上表现出来，这样下属才能够了解管理者在为自己着想。除此之外，管理者也应该参与到下属的活动中来，了解他们的想法，并且多和下属进行语言沟通。

　　沟通的目的是在人与人之间传达思想、交换信息，更是不同人之间心灵地碰撞。有时候甚至不需要开口，只需要一个微笑、一个动作，就可以让彼此的距离变得更近。而管理者在与下属沟通的过程中，更应该考虑下属的感受，尤其是在措辞的选择和语气方面。所说的话既要是自己想说的，也要是下属想听的，这样的沟通才能高效、顺利。因此，管理者需要掌握与下属沟通的语言技巧。

　　那么，管理者在和下属沟通时，应该从哪些细节入手才能温暖员工的心呢？

1.沟通从叫出下属的名字开始

　　一家公司新来的业务员刚刚签了一笔大单子，整个部门都在为他庆祝，这时部门管理者来到了新员工的身边，看了他许久后说道："嘿，新来的，做得不错，有前途，继续加油！对了，你叫什么名字？"

　　新员工原本十分兴奋，但听到了部门管理者的话以后就有些不开心，但还是说出了自己的名字。没过几天，新员工突然申请辞职，这让大家都十分不解。平日与他关系不错的同事忙不迭问他为什么要走，他回答道："我来这工作快一个月了，主管都不知道我叫什么。你说咱们部门一共才几个人，这摆明了是不重视我，我为什么还要留在这里？"

身为管理者，希望所有员工都知道自己的名字，反过来讲，普通员工也希望上司知道自己的名字，尤其在大企业中。如果管理者在和员工沟通时能够叫出对方的名字，那么对方一定会欣喜若狂。反之，对方一定会感到无比失落。

2.给予下属足够的尊重

部门新换了一个主管。一天，他把大家都叫进会议室开会，要求大家汇报近一个月的工作情况。可就在大家认真汇报工作的时候，新主管时不时拿起手机，一边看手机，一边露出微笑。明眼人一看就知道，这是在和别人聊天。

汇报工作的员工看到主管并没有听自己说什么，就停了下来，想要等主管回完信息后继续汇报。但他前脚刚停下，后脚主管就说："怎么停了，继续，我听着呢！"员工只好十分气恼地完成了汇报工作，对于新主管的印象也是差到了极点。

有句话叫做"你希望别人怎样对待你，那么你就应该怎样对待别人。"即便是管理者，在和员工沟通时也应该要尊重对方。与下属沟通，掌握语言技巧是关键，而尊重下属是前提。

3.掌握沟通的分寸

一位管理者很喜欢与员工谈心，但是大部分员工却并不愿意和他坐在一起聊天。这是为什么呢？原来，这位管理者总是借着沟通的名义，探听公司里每个人的小秘密。比如公司里谁的家长里短，再比如谁在办公室表现不好，又或者谁在背后说过他坏话。虽然有的员工很乐意和管理者分享这些信息，但大部分员工还是坚守底线的。

有一天，这位管理者把一个员工叫到办公室谈心，原本是说工作的，可是说着说着就开始聊到了员工的家庭。这个员工正在和妻子闹离婚，所以一直没有理会管理者，但管理者不依不饶地非要询问这件事，员工一气之下离开了公司。

与下属沟通时并不是什么都可以说，需要掌握分寸。一是不要涉及隐私，也就是说管理者和员工之间应该保持合适的距离，不要让对方产生被侵犯隐私的感觉，毕竟拉近双方距离的同时，可能会产生好感，也可能会导致双方的不自在；二是不要不分时间，管理者与员工沟通时需要选择适合的时间进行，如果对方遇到变故心情低落或者正在忙手头的工作，最好不要去打扰对方，这样会影响沟通的效果；三是不要过于拘谨，管理者与员工沟通的时候可以保持微笑，能够让员工更加自在，沟通的效果也就会更好。

4.用"我们"取代"我"

有这样一种老板很常见：在和员工说到公司的事情时，总喜欢说"我的公司怎么怎么样""我的公司最近如何"。这样的话虽然不算是错误的，但是在员工看来，老板根本没有把他们当成公司的一员。这样员工就不会对公司产生归属感，公司取得成绩也好，公司面临倒闭也罢，似乎都和他们没有任何关系。

每一个身在职场的人都有深刻的体会，沟通是一件双方乃至多方参与的事情，能够起到交流信息和联络感情的作用。沟通的目的并不是为了说服对方，而是寻找双方乃至多方都能够接受的一点。所以在很多时候，沟通的方式比内容更重要，这就要求管理者在沟通时，要获得员工的关注和信任，在避免使用命令式语气的同时，也要尽量用"我们"取代"我"，让员工感觉自己和公司是一体的，员工也就更加愿意为公司付出。

除此之外，管理者还应该尊重下属的反抗情绪。在沟通中难免有一言不合的时候，如果员工恰好是个急性子的人，就很容易产生反抗情绪，甚至直接与管理者发生争执。这个时候管理者要做的不是如何赢得这场争执，而是应该尽快结束争执。因为无论争执结果如何，对管理者和员工而言都是无用的。

归根结底还是这一句话：管理者与下属沟通时，掌握语言技巧，用温暖的言辞感动员工的心！

困境中，总需要一些急中生智的言语

作为一名管理者，在工作场合也有可能身处困境，会遇到各式各样的问题。尤其是一些来自员工的问题，即便是非常高明、经验老道的管理者，也未必能够全部解决。这就需要管理者在日常工作中不断提升自己对于突发事件的处理能力，以此解决所有的突发事件。

在众多突然而至的困境中，急中生智的语言可以帮助管理者突破难关。一个人去餐馆吃饭，他点了一碗鸡汤，可是端上来的鸡汤看起来黑乎乎的，似乎很不干净。于是他叫来了服务员，可是服务员支支吾吾了半天，也没说出什么来，客人要求把老板叫出来解释清楚。在客人的再三要求下，服务员战战兢兢地拨通了老板的电话。

没过一会，老板悠闲地走了过来，看了看客人的汤说道：

"这汤没问题，乌鸡炖出来的汤就是这个颜色的。"

客人冷哼一声，显然不相信老板的回答："你说这是乌鸡？这怎么可能，乌鸡汤怎么会这么便宜？"

老板忙不迭道了歉，对客人说道："实在是对不起，应该是给您上错菜了，我一定给您一个满意的答复。"说完转过身告诉服务员："这位客人点的鸡汤算错了，不是30元一份，而是120元一份。"

这个故事虽然看起来不会真的发生在谁的身上，但是却足以告诉我们在处理一些特殊情况时，需要展现我们急中生智的大智慧。可能只是简短的几句话，就可以四两拨千斤，把事情的风向拨到对自己有利的一面。

那么，在困境中，急中生智的语言究竟能不能帮助管理者解决难题呢？我们先来看看这个故事：公司里有一个经常无事生非、人人都敬而远之的"刺头"。这一天，他带着另外两个人一起来找部门管理者，大老远就冲着管理者喊了一句"我们都到公司工作这么久了，为什么还不给我们涨工资？"

正在走廊里翻阅文件的管理者听到这句话自然觉得十分别扭，心里想着：这是兴师问罪来了吗？什么叫不给你们加薪？好像是我故意克扣了你们的工资一样……想归想，但他还是缓缓抬起头，发现正好是那个"刺头"，而"刺头"身后的两个人神情紧张，似乎还在刻意闪躲他的目光。

虽然管理者心里十分厌恶对方的行为，但他还是得解决问题。管理者略做思考，很想直接当着众人的面表示拒绝，可是理智不允许他这么做。眼看着周围渐渐围过来一圈看热闹的人，他把火气压了下去，只是风平浪静地说："看来大家今天的工作效率都很高啊！今天可以早点下班了！"众人听到管理者这样说，纷纷回到了自己的工作岗位上。

管理者看着围观的员工散开了，把文件放在一边，带着三个人前往走廊尽头的小会议室。进入会议室后，管理者对三个人说道："我刚才好像听到你们说工资了，是不是走错地方了？我这里可不是财务部。"

听到这话，"刺头"身后的员工往后缩了缩，"刺头"却上前一步："我们是来要说法的！我们要求涨工资！"管理者听到对方这样说，十分想直接驳回，但是转念一想，这样一来对方背地里不知道会怎么说自己，以后也免不了还会闹，于是他说道："如果是这样，那很抱歉，你们现在只能有一个人留下来跟我谈，毕竟公司规定不可以公开谈论工资。我可以跟你们谈工资，但是如果要我陪你们违反公司制度，那我恕不奉陪。"

在管理者表明态度以后，"刺头"身后的两个人仅存的气势也消耗殆尽，他们交换了一下眼神，转身离开了会议室。

见到这种情形，"刺头"的气势也明显弱了下来，对管理者说道："涨不涨工资我都没问题，反正我又不是过不下去了，我主要是替他们问一问。"

看着"刺头"一副"我无所谓，你能把我怎么样"的表情，管理者气就不打一处来，但还是解决问题要紧，于是他说道："你可以成为他们的代表吗？你出去告诉他们，谁有问题就单独找我，我们直接交谈，不用找其他人来当代表。"

说完以后，管理者就不再说话，会议室的空气都变得凝重起来，"刺头"也感到了压力，他支支吾吾说了几句"没事了"，就离开了会议室。

工作当中，总有人喜欢无事生非，以为找几个同事和自己一起，背后就有同事们的支持了。其实并不是，他们就是希望通过人多的优势向上级施加压力，以此要挟上级满足他们的要求。但是这样很容易让人看穿其害怕和心虚的本质。

面对这种情况，管理者不可以选择退缩，也不能用模棱两可的话敷衍过去，更不能被对方的情绪带走，冲动之下对对方进行谩骂，而是要在困境中找出对方言语之间的漏洞，通过谈话的方式让大事化小，小事化了，最重要的是不要影响其他员工的情绪。这考验的其实就是管理者的应变能力，也就是面对突如其来的困境中，管理者能否急中生智找到应对方法。

说到底，那些急中生智的回答，不过是管理者仔细观察和思索后找到了对方心虚或者害怕的点，而后一点点瓦解了对方的心理防线，成功解决问题。

　　当然，企业中的"刺头"也不尽然相同，有的人着实可恶，但有的人只不过是为了追求公平，有的是性格使然容易受人挑唆，有的是容易钻牛角尖……面对不同的"刺头"，要用不同的方式和对方沟通，找到对方薄弱的点，各个击破，才能够把负面影响降到最低。

　　面对突如其来的困境，管理者即便没有在第一时间想到解决问题的方法，也没有必要慌张。要知道，只要肯用心，方法就一定会有的。

巧妙的话语可以化解员工间的矛盾

企业发展的过程中，需要无数次面临不同文化的碰撞。这种碰撞有来自企业外部的，比如存在竞争关系的企业，再比如市场的震荡，都会对企业产生影响。除了外力因素，也会有来自企业内部的因素影响，比如员工之间，有的保守有的开放，有的是已经工作许久的老员工，有的是初生牛犊不怕虎的新员工。在企业员工之间出现文化碰撞时，很容易让员工产生各种各样的矛盾。

其实新老员工之间发生矛盾的情况十分普遍。我们在一个环境或氛围中待了很久，会形成固定的思维模式，这种思维模式就是我们说的习惯。当我们养成了习惯后，有新的事物来打破这种思维模式，我们就会出于本能排斥这些新生事物。在企业中，新老员工的关系就是如此，老员工已经养成习惯，新员工的突然到来让老员工不适应。

新员工所代表的是新鲜、有活力的群体，他们会有自己的一套工作方式，这就会影响老员工原本的工作方式与寂静。老员工认为自己更加熟悉企业的运作流程，也更加适应企业的生存规则，新员工应该来向自己请教。但看到新员工不一样的工作方式，老员工心中难免会问：大家共同为一个老板打工，为什么新员工做的跟我们不一样？难道新员工不应该学习我们的方式吗？

而新员工来自于不同的地方，可能之前受到其他公司的文化熏陶，也可能是刚刚迈出大学校门的年轻人，他们有着和老员工完全不同的习惯和行为方式，这些不同恰恰是老员工看不懂的。还有一点就是，现在很多人都不喜欢"拜师学艺"，而是喜欢用自己的方式一点点探索世界。新员工拥有独立的、和老员工乃至企业不同的价值观，并不想要融入到老员工的固化行为中去。

这主要是由于新老员工的工作背景与社会经历不同，其心中的企业文化价值观也不尽相同，而且老员工潜意识中会出现自我保护意识，进而导致两者之间很容易发生冲突。但究其最根本，管理者的管理机制和企业文化是否有利于新老员工和谐相处才是关键。

解决新老员工的矛盾，管理者应该怎么做？

　　答案是选择灰度管理。这世界上的事情并不完全是非黑即白，不对不一定就是错的，当面对一些自己看不懂的事物时，应该多采用包容的心态去对待。同时管理者也应该明白，为什么企业一定要纳新，就是为了让企业能够推陈出新，同时也能够利用鲶鱼效应，激发老员工的潜能。

　　管理者一方面要告诉新员工，企业培养他们是为了让他们早些独挑大梁，让企业变得更好；另一方面还要告诉老员工，我们既然成为一个团体，就应该求同存异，只要价值观与企业相符，更加看重工作结果和个人成长，至于方式方法不必完全统一，就像八仙过海，全凭自己的神通。

　　如果新老员工因为工作上的事情吵架，管理者应该如何处理呢？

1.新老员工吵架，错在老员工

　　一家制造类企业新引进了一批人才，高师傅觉得自己工作时间久，也觉得那些刚毕业的小孩子们没什么真本事，就不把新引进的人才看在眼里，什么事情都想插上一脚。一天，新员工小梁在车间摆弄新机器的时候，高师傅一直在旁边指手画脚，时不时还嘲笑小梁"文化高有什么用，不还是什么都不会"，小梁被说得有些烦闷，脾气也就上来了，两个人在车间吵了起来。

车间主任闻讯赶来，把两个人带到休息室去了。在休息室，车间主任了解了前因后果，当着高师傅和小梁的面摆事实讲道理，告诉高师傅那个机器是国外进口的，整个厂子里也没有几个人会用，小梁已经算是学得快的了。高师傅听了车间主任的话才知道，小梁他们不是刚毕业什么都不会的小孩子，也算是半个专家，瞬间觉得自己做的过分了，两个人把话说清楚后就离开了。

事情过去以后，车间主任又私下找到了高师傅，对他说："你在咱们厂子也工作了几十年了，别跟一群小孩子计较，平时他们有什么不会的，还不是得仰仗着你这样的老师傅。"说完又去找小梁，对他说："高师傅年纪大了，难免一时接受不了这新机器，但我们作为年轻人，不能失去对老师傅的敬重不是。别的不说，高师傅的资历和技术还是全厂认可的。"在车间主任的几番奔走下，高师傅和小梁终于冰释前嫌了。

如果新老员工吵架是就事论事，那么上述方式处理就可以。如果双方中有人夹杂着个人情绪，那么管理者就需要主持正义，帮助弱势的一方。例如将有情绪的一方暂时调离岗位，或者抽时间单独约谈等。总之管理者要表明自己的态度，并通知相关人员处理决定。

2.新老员工吵架，错在新员工

还是一家制造类企业新引进了一批人才，这些人才中有人觉得自己读书多，知道的理论知识多，认为工厂的老师傅除了工作时间长之外，并没有什么真本事。在一次制造某种零件时，新员工想要独自操作设备，老员工不同意，最后经不住新员工的软磨硬泡，答应让他独立操作，但自己必须在一旁观看。在操作过程中，新员工不听老师傅的规劝，为了防止零件出问题，老员工强制关掉了设备。新员工当然是不服气的，他觉得老员工是故意让自己难堪，两个人就吵了起来。

很快，有人叫来了车间主任，主任轰走了看热闹的人群，问两个人到底是什么情况。两个人你一言我一语，眼看着又要吵起来了，车间主任说了一句："你们两个人一人一句，跟说相声似的，我都插不上话。怎么，你们是准备在年会上表演相声吗？"

原本争执的两个人停了下来，老师傅缓缓说明了事情的经过。在从主任口中得知自己确实错了以后，新员工十分羞愧地向老员工道了歉，看着两人和好，车间主任笑着说："你们两个人，算是不打不相识了。"然后看着新员工接着说："好好跟着咱们的师傅学，以后能学到的东西可多着呢！"

新老员工吵架，错在新员工时，管理者一定要学会找到平衡点，让老员工觉得自己被重视，让新员工意识到自己错在哪里，才能够改正错误。

其实新老员工争执，无论错在谁，管理者都应该公平、公正地对待。只有这样才能够避免新老员工之间的矛盾恶化，寻求解决的方案。

社交应酬，好管理者说话面面俱到

在这个时代，社交应酬俨然成为人们生活中不可或缺的处世手段，因此也越来越被大家所重视。很多人都希望自己能够在交际场上应对自如，成为吸引他人眼球的佼佼者。

而对于管理者而言，社交应酬是其不得不面对的事情，具有一定的社交能力也是其职位的基本要求。想要成为社交能力强的人，就要具有驾驭语言的能力。

在社交应酬中，话题当然重要。但是，别人对你的印象和评价，以及应酬中说话方式和沟通手段，都是由语言表达方式决定的。我们都知道"一千个人眼中有一千个哈姆雷特"这句话，同样的，面对同一件事情，从不同的人口中说出来就会变得不同。这是因为每个人都有一套自己独立的表达方式，对事物的理解也不尽相同。所以，管理者在社交应酬中应该时刻关注自己的说话方法，这并不是一件可有可无的事情。

在社交应酬中，管理者想要做到面面俱到，需要考虑以下几点因素：

1.语气平和

某初创小型企业的管理者去参加庆典，由于自己企业并没有什么名气，他心里想着：一定要在庆典上好好表现，说不定还能遇到几个大客户。这样想着，他的行为就变得谄媚起来，在业界有名的管理者面前给人一种"小跟班"既视感。可即便他对业界有名的管理者点头哈腰，对方看起来还是不愿意和他搭话。

在参加社交应酬时，说话的语气十分重要。身为管理者，无论成功与否，也无论企业多强大，在社交应酬场合过于骄傲就会引起别人的不满，而管理者过于低三下四又会被人看不起，管理者背后的企业的形象在对方眼中也会大打折扣。所以，管理者在参加社交应酬时，无论对方的身份地位比自己高也好，比自己低也罢，在和对方说话时都要保持在平等的立场上，让自己的语气变得平和，用最本真的态度来交流，才有可能和对方的思想统一。

2.条理清晰

小C是刚刚成立了一家公司。一天，他参加了一位朋友的路演活动，在路演过程中朋友邀请小C上台说几句话。朋友的本意是要小C介绍一下自己，顺便推广一下自己的产品，毕竟来参加这次路演的人有不少都是做老板的，正好可以借这个机会让小C多认识几个人。

可能小C没有意识到这一点，也可能意识到了但没有那么好的口才去实践。总之，小C在朋友的邀请下登上了台，从没有在这么多人面前发言过的他略微有些紧张，只见他干笑了两声，对大家说："大家好，我是小C，这是我第一次参加这样的活动，我现在还有些紧张。前段时间我刚刚成立了自己的公司，每天忙得不可开交，但是也不知道自己在忙什么……呵呵。今天我来的时候遇上堵车了，把我急坏了，生怕自己赶不上……"

参加过路演活动的人都知道，对于小C这样的特邀嘉宾，留给他说话的时间并不会很长，小C还没有说完，时间就到了。回到座位上以后，台下的人并没有一个主动与小C交流的。

由此可见，管理者在参加社交应酬时一定要保持言语的条理清晰。因为通过一个人的言谈举止，就可以了解到他的工作能力、受教育程度、兴趣爱好等多方面的信息，别人也会根据这些因素在心底为其打分。如果一个管理者说话没有层次，别人不仅无法听懂他说话的真实含义，还会觉得这个管理者水平不高，没见过什么世面。一个没有掌握正确说话方法的管理者，说出的话也会错开重点，社交应酬必然也是劳而无获，达不到应有的效果。

3.不乱插话

小R是公司的中层管理者，他特别想与高层管理有些实质性的接触，最好能够帮助自己平步青云。在公司的年会上，小R挤到了一群正在聊天的高层管理者身边，听着他们的话题，希望有人能够主动和自己说话。十分钟过去了，还是没有人理会小R，小R认为自己必须主动出击才行。

为了让大家看到自己，无论是谁提出的话题，小R都积极发表自己的意见。又过了十分钟，原本坐在一起聊天的几个人，有的起身离开了，有的不再说话，小R自觉没趣也离开了。小R前脚刚走，几个人就开始聊起来："刚才那人是谁啊？我话还没说完，他就开始发表自己的意见，话题都被他打断了。""不知道，好像是咱们公司的一个部门主管吧！""这人怎么当上主管的，我话说到一半就被他打断了。""谁知道呢！你看他积极发言的样子，八成是想出风头吧！"

在交际应酬中，很多管理者都会犯这样的错误，其中许多人都是无意识的，想到什么就说什么，忽视了别人正在发言。这类管理者在参加交际应酬时可能并不是想伤害对方，但无意识的插话还是会让方感到不适应。这是为什么呢？因为这样的场合，管理者对于交流的态度决定了他人对自己的感官，管理者适不适合结交，都能从其中看出来。

4.留心忌讳

某公司的一个中层管理者在办公室很不受欢迎，原因是他在社交应酬场合总是触碰别人的忌讳。有一次，他在一个离异的女上司面前说："你看那谁不肯离婚，还不是怕自己以后没有人养。现在的女人啊，离了婚都掉价了！"

还有一次，他在单亲家庭的长大的员工面前说："你看看现在的新闻，单亲家庭长大的孩子心里都很扭曲的！"

管理者在参加社交应酬时，一定要留心对方的忌讳。虽然有时候是讨论别人的事情，但如果对方也有类似的遭遇，难免不会认为你是在指桑骂槐，揭人家的伤疤。对方未必会直接发火，但是心里肯定会感到不愉快。

生活中，人人都希望朋友越来越多，敌人越来越少，但如果因为说错了一句话就造就了一个敌人，那就太得不偿失了。或许对方有些忌讳在外人看来是一件很小的事情，但对对方而言可能是无法接受的，一旦说出了对方忌讳的话，就会让对方感到十分不悦。或许有的人认为你不知道他的忌讳，所以选择原谅你，但心里总会为这件事情感到不痛快，有的人可能因为你说了他忌讳的话，直接把你拒之门外。或许有时候管理者花费了许久苦心经营的形象，就因为随口而出的一句话给毁了。

　　管理者在社交应酬时如果能够用坦然、开朝的态度和人交谈，同时做到面面俱到，知道自己应该说什么，不应该说什么，那么，应该能通过社交应酬塑造良好的人缘关系。

第三章

一句话让员工动起来

管理者一句话，员工刀山火海都不怕

杰克·韦尔奇曾经说过："要想成为一名优秀的管理者，就要始终把激励放在第一位。"

想要让员工主动、积极地面对工作，关键在于两个字——激励。有人认为，在管理工作中不懂得激励员工的管理者，不能称得上是优秀管理者。从心理学角度来看，每个人都渴望得到喝彩，员工自然也不例外，可是许多管理者在工作中却常常忽视这一点。于是就会出现这样的情况：员工为了公司付出努力，帮助公司解决了许多实际问题，增加了公司的收益，可是在管理者那里却没有得到一句鼓励的话语，连一句"辛苦了"也得不到。

管理者忽视对员工的激励，是因为他们认为完成任务是员工分内的事情，且员工已经因此得到了工资和奖金，不需要进行口头表扬。甚至在这些管理者眼中，员工和"唯利是图"四个字之间是划等号的。他们认定了"有钱能使鬼推磨"这句话，相信这世界上没有什么是有钱办不到的，只要肯出钱，就不怕没有员工，甚至有的管理者会直接当着员工的面说"公司没了你们照样能活下去，你们离了公司怎么办？"还有的管理者会说"这世界上三条腿的蛤蟆不好找，你们这样的人还不好找吗？"

这种想法和做法都是不对的！虽然在这个社会没有金钱会举步维艰，但是人们更需要尊重，某些时候尊严要比金钱重要得多。而优秀管理者不会说这样的话，因为他们明白自己的职责之一就是尽可能地激发员工的潜力，而不是打击员工的积极性。

摩托罗拉公司的创始人高尔文先生一直以"尊重每一位员工"作为企业的核心价值观，这也是一种激励，让员工甘于为公司卖命。正是因为他懂得尊重员工，在摩托罗拉面临前所未有的难题时，没有一个员工临阵脱逃，大家选择一同迎接困难与挑战。反观那些无视乃至践踏员工尊严的管理者，当企业遇到困境时，只能是树倒猢狲散，有的员工甚至会在暗地里期盼公司快点倒闭。

詹姆斯·库泽斯与巴里·波斯纳在《领导力》一书中提出：激励他人是优秀管理者必须具备的能力之一。他们的观点是每一名员工在骨子里都希望得到认可，而那些不懂激励员工的管理者定然不成功。事实也是如此，与不注重激励员工的管理者相比，经常关心员工、激励员工的管理者普遍能够取得更高的业绩。

所以说，杰出的管理人员不但能够满足员工基本的物质需求，还应该懂得满足员工的精神需求，那就是员工需要管理者的肯定和赞扬。口头激励是优秀管理者最厉害的武器，可以让员工将潜能释放到最大化。总之，假如管理者懂得在合适的时机激励员工，员工的积极性将得到质的飞跃，出现"管理者一句话，员工刀山火海都不怕"的现象。

虽然对于管理者来说，不懂激励就失去了成为卓越管理者的机会，但是也并非所有知道激励价值的管理者都能够准确地激励员工，许多管理者在面对激励员工这件事时都表示无从下手。

那么，作为一个管理者，激励员工时需要怎么做呢？

我们先来看看什么是激励。在企业中，激励就是企业设计合理的奖励制度和工作环境，使用合理的方法刺激员工，以达到引导、保持员工不断前进，实现企业或管理者本人目标的过程。

在激励员工的过程中，管理者说话方式和内容十分关键。在与员工交谈时，管理者开口的第一句话要能够打开局面，最后一句话要能够留有余地。

举个例子：一家公司的某个部门有A和B两个主管，主管A认为自己对待工作认真负责，面对下属的问题一直热情给予帮助，为此耗费了不少精力和时间，但员工却总是疏远他，这令主管A百思不得其解。而另一边，主管B可以说是部门的明星人物，走到哪都有人和他打招呼，喜欢围着他，这让主管A更加想不通了，为什么大家都不喜欢自己呢？

其实，主管A和主管B有一个细微的差距，那就是和员工谈话时的开始和收尾上。

主管A的谈话开始的惯用句式是：你又发生什么事了？前几天不是刚帮你解决问题吗？怎么今天又来找我了？好了，直接说重点，我一会还有别的事情要做。

结束的惯用句式是：好了，就这样吧！你现在回去赶紧把这个错误改了，万一以后出现严重问题，你可别来找我哭诉。你这一天天的，遇到问题就不知道来找我吗？我这一会不看着你，你就给我捅娄子。

主管B谈话开始的惯用句式是：这件事情是怎么回事？你坐下来慢慢说，不要着急，把事情说清楚咱们才能想办法解决不是？

结束的惯用句式是：这个问题挺严重的，不过现在还有机会可以改，你不要想太多，也别有太大的心理负担，先专心把问题解决了才是重点。还有，以后遇到问题不要自己一个人闷头琢磨，我就在这呢，你随时可以找我，咱们一起想办法。

主管A和主管B与员工谈话时说的话意思其实差不多，但员工的感觉却大不一样。主管A说出的话会让人觉得十分生硬，听到的人心里会很难过，自尊心强的人还会觉得自己的自尊受到伤害。以这样的话作为谈话的开篇，员工即便心里想说什么，哪怕话到嘴边只怕也会咽下去了。主管A谈话的结尾更是打击了员工的积极性和自信心，员工遇到问题时一定会对其敬而远之，自己想办法解决，实在解决不了的才会硬着头皮找主管A汇报。

主管B说的话就不同了，这样的措辞会让人感到温暖，让员工知道自己不是一个人在战斗，自己的背后有管理者，还有整个团队，瞬间就会产生强烈的归属感，愿意跟随主管B"上刀山，下火海"。主管B谈话的开篇可以让员工放松心情，这样才会将事情事无巨细说清楚，主管B才有机会找到发生问题的根本原因。主管B谈话的结尾会让员工乐于找他寻求帮助，一旦出现问题第一时间就会向主管B汇报，有利于以最快的速度解决问题。

有效的激励能够点燃员工对待工作的热情，产生更加强烈的工作动机，让他们产生赶超他人的欲望，将自己体内的潜能释放出来，进而帮助企业实现其愿景。

不要吝啬对员工的肯定

当管理者不吝啬给予员工肯定时,员工也会不吝啬他们的责任心。

员工都希望受到管理者的肯定,一旦这个愿望实现,会使他们更加努力,因为这种荣誉感会让他们拼尽全力应对工作。

正是因为,上级的肯定能够让员工心中产生再一次获得成功的欲望,每个人都渴望得到上级的肯定,而管理者的责怪会打击员工的自信。许多管理者不愿意肯定员工,总喜欢在员工的工作成果中挑出错来,以为这样会显得自己很专业,但是这种方式往往只会产生比以往更糟糕的结果。

可事实上,肯定与否定这两种方式,会导致截然不同的效果,甚至会影响员工整个职业生涯。让我们来看看这个故事:有两个少年在读书时很喜欢写文章,两个人经常一起写作,写完后交换着看，互相帮对方改正错误，两个人的文章也一直在班里的同学手中传阅。

有一天，同学拿着一份杂志告诉他们，你们这么喜欢写作，为什么不把作品寄给杂志社，说不定可以出版呢！两个人想了想，认为同学说的很对，于是分别选了一份自己认为最好的作品寄了出去。很快，他们收到了杂志社的回复，这两个回复来自于不同的编辑。

给少年A回复的编辑是这样写的：你的文章很不错，只是有些地方还需要完善，修改一下就可以发表了。除此之外，编辑还在回复中提出了一些修改意见，希望能够对少年A起到帮助作用。而少年B就没有那么幸运了，他收到的回复却是：你的文章和我们稿件要求仍具有很大的差距，希望你继续努力！

很快，这件事情就在同学间传开了，大家一致认为少年A文采飞扬，有希望成为一代文豪，而少年B的则不具备什么文采，并没有机会成为作家。自那以后，少年A对待写作更加用心了，也把更多的时间放在了写作上，写作的功力更是突飞猛进。另一边，少年B听大家说的多了，也认为自己确实没有什么文采，写作就是浪费时间，逐步放弃了写作。

一切仿佛都照着大家预想的那样发展，可事实上，原本少年A和少年B的写作水平都是差不多的，甚至有时候少年B还要更胜一筹，可就是不同编辑的回复改变了两个人的命运。如果两封信或者两个回复交换下，放弃写作的人很可能就是少年A了。

这个故事就是告诉我们，来自他人的肯定对一个人的进步至关重要。在工作方面，领导对于员工的肯定同样至关重要。对于不同性格的员工，要用不同的方式给予肯定。

例如：一位员工十分活泼、善于沟通，但对待工作不愿拿出十分的努力。年底公司组织绩效面谈，主管说："今年你的工作成绩不错，不少同事给了你很高的评价。"

员工说："是吗？谢谢您也给我这么高的评价。"

主管翻阅手中的资料，接着说："听说你今年还参加了跳舞比赛，而且取得了不错的名次，挺厉害的。拿奖的时候一定觉得很风光，也很开心吧！"

员工说："哪里哪里，您过奖了。"

主管笑了笑说："你这样挺好的，工作生活两不误。你来公司已经快两年了，现在也算是老员工了，工作中从来没有出现过重大失误，我想这和你的工作热情和认真有着密不可分的关系。可是呢，革命尚未成功，同志仍需努力，想要让工作更顺利，你还得保持现在的好状态呀！"

有句话叫做"牛不喝水强按头"，可是不管管理者的本事有多大，员工对待工作的态度都是强求不来的。主管的谈话让员工感受到了尊重，主管的肯定也让员工心理得到了满足，在以后的工作中，他也会记着这次肯定，以更积极的姿态对待工作。

企业中还有很多员工十分勤奋，但面对工作从来不会积极主动。这样的员工通常不会出现重大失误，对于他们管理人员应该选择支持，并通过一些方式来激发他们的主动性。

例如：某公司的技术部有一名员工，平时不爱说话，工作态度很好，但是缺乏主动性。为了培养他对待工作的主动性，主管决定和他谈话。

主管："你来到咱们部门也快一年了，工作一直兢兢业业，表现得很好，也从来没有出现太大的失误。我个人其实非常欣赏你对待工作的这种态度，在你身上有很多年轻人不具备的品质，所以我想让你负责一个项目。至于项目的进度我不过问，你定时向我汇报就行了，你看这样行吗？"

主管这样说，员工肯定不好拒绝，而且还会十分开心主管对于自己的赏识。主管的说话方式不仅可以让员工感受到他的肯定，还能够"逼迫"员工主动与他进行交流，有利于增强员工的主动性，可谓一举两得。

除了口头直接表示对员工的肯定，管理者还可以通过其他方式表示对员工的肯定。比如对员工表现出高度的信任。

有的员工具有很强的组织能力，他们具有很高的竞争意识，并且对自己十分自信。对于这种员工，管理者需要表现出对对方的信任。

例如：某工厂为了节省成本，发起了一个成本改善的提案活动，全厂员工都可以参加，有个能力出众的员工很快就做好了一份提案。这时主管打电话通知他，去办公室商量提案的具体细节。

主管问："你的成本改善计划书做得怎么样了？"

员工回答："已经做好了，我一会就拿过去。"

主管接着问："这么快就做好了？你确定内容足够完善了吗？"

员工回答："是的，内容已经很完善了，您需要先看看吗？"

其实，员工这么说可能并不是真的想要让主管过目，很可能是指客气一下，他心里可能并不希望主管介入。如果员工真的是这样想的，主管回答"行，我先看看，帮你把把关"，那么员工就会觉得主管不够信任自己，以后会心存芥蒂。其实，这件事情上管理者并不需要真的查看文件，只需要宏观上把控一下，提醒对方应该注意的细节就好了，这样可以彰显主管对员工的信任。

主管完全可以这样回答："我就不看了，我相信以你的能力做这个提案绝对没问题。只要你有信心，别忘了注意预算、人力等细节方面，我相信你一定没问题的。快去提交吧！我看好你。"

　　虽然主管还是掌握了指导权，但是这种不着痕迹的方式，会让员工感到主导权还掌握在自己手里，而且能够感受到主管的信任，这同时也表明了主管对其工作能力的肯定，员工心理上更容易接受主管的意见。

　　只要管理者愿意，什么时候都可以给予对员工的肯定。无论用什么方式表达，只要不吝啬于对员工的肯定，就能达到激励员工的效果。

与其不停说教，不如一次赞美

一句赞美能够让员工具有更高的积极性，员工会更加努力地工作；一句批评能够让员工的积极性持续下降，员工会站在管理者的对立面。

赞美是每一个中国人都受用的说话方式，站在企业管理者的角度来看，赞美是一种不需要花钱、可效果却很好的管理方法。在工作场合，每个员工都渴望得到领导的赏识，管理者一句不经意的赞美都会成为对下属最好的奖赏。

那么，管理者对于员工的赞美有哪些实际意义呢？

1.彰显员工的地位

在职场上，员工的工资情况相对处于稳定的状态，所以员工不会在这方面多花费心思。相对于其他事情来说，员工更在乎自己在上司心中的形象，有很多员工对上司看法非常敏感。这是因为，在企业中，上司的赞美是具有一定权威性的，能够彰显员工在职工团队中的地位。

有的管理者就很喜欢根据员工的能力给员工排名次，比如A是单位的计算机专家，B是单位学识最渊博的（B的学历最高），C是单位的心算专家，D是单位的最佳辩手（D的谈判能力最强）……如此一来，每个人身上都有一个第一的头衔，每一个人都有机会在企业中名列前茅，而且相当于管理者间接告诉大家：你的能力我都看在眼里。这种行为可以说是管理者在变相的赞美员工，是一种皆大欢喜的激励方法。

2.带给员工认同感

管理者的赞美是员工工作的精神动力。一个员工面对不同的管理者时会迸发出不同的能量，能够让同一个员工工作劲头判若两人，其实就在于管理者是不是善于利用赞美的激励方法。

一个管理者，只需要在企业到处走走，不时地赞美员工几句，员工就会感受到非常强的认同感。这种认同感可以让员工感到十分兴奋，并且把这种兴奋转移到工作上。

比如，一位员工经过一个多星期的奋战，终于成功组织了一场大型会议，这在公司内部可以说是史无前例的。可当员工为此累得精疲力尽时，或者他在深入了解调查得到了许多关于企划案丰富经验时，又或者是经过昼夜不停的思考终于想出一条能够让各方满意的方案时，他最需要的是什么？他需要的并不一定就是金钱奖励，而是来自上司的赞美和同事的称赞。

反过来说，一个员工经过几天不眠不休的工作，终于完成了一项任务或取得了一些成绩，当他向上司汇报这件事情时或许看起来无所谓，但是心里也一定会默默地期待上司能够给予他一番赞美。如果管理者不明白这一点，并没有赞美员工的工作成果，员工势必会有一种挫折感，挫败感强烈与否因人而异，有的员工甚至会因此觉得上级不够公正。当员工再次遇到相似的事情时，他就不会像之前一样努力，因为在他看来，做与不做、做好还是做坏这些上司都是看不到的，自己没道理去做费力不讨好的事情。

很显然，这样的管理是没有办法调动员工积极性的。

3.让上下级关系更紧密

管理者对员工的赞美不仅表明他对员工的肯定和赏识，也表明了管理者善于发现员工的优势，对员工的一言一行都很关心。

事实证明，员工在受到上司的赞美后会表现得十分开心，有的员工还会对朋友炫耀老板赏识自己。员工和管理者之间能够因为一句简单的赞美拉近距离，在彼此心中留下一个美好的印象，就不会有机会产生隔阂，团队能够拧成一股绳。

而有些管理者并不喜欢赞美员工，员工得不到赞美的同时，也没有得到过批评。时间久了，员工会觉得自己受到了上司的忽视，心里难免会觉得：上司从来没有赞美过我，是真的不知道有我这个人，还是对我有偏见，是不是我什么时候得罪过他？带着这样的疑问，员工与管理者相处时就会表现得不冷不热，时刻注意保持距离，防止自己又一不小心得罪了上司。员工和管理者之间很容易形成隔阂。

4.让员工主动做事情

赞美还可以让人主动承担一些责任。在一辆拥挤的公交车上，一位年迈的老人上了车，老人看了看满载的车厢，只能在一个比较矮的扶手前站着。售票员见到了老人，她环视四周，希望有人能给老人让个座，可每一个人都在躲避她看过去的目光。老人此时可能有些累了，眼睛里满是失落，售票员走过去扶着老人说："这些乘客都是工作了一天的人，现在可能觉得很累了，坐下就没力气动了，您先在我的座位上休息一下，我觉得很快就会有人给您让座的。"售票员话音刚落，几个年轻人像是按了弹簧一样跳了起来，要把座位让给老人。

其实，这些乘客并不一定真的像售票员说的那样累，但是他们听到售票员说的话后，脑子里都想成为一个善良的人。

每个人都是这样的，渴望得到别人的赞美，即便别人的赞美在前，他的行为在后。同样的，员工也都渴望得到上司的赞美，这样可以证明他在众人眼中是一个优秀人士。

5.让员工产生归属感

一句不经意的赞美，有时候会让员工产生强烈的归属感，为了捍卫企业的利益而奋战。有这样一个故事：某大型企业有许多清洁工，清洁工的数量多到在这里上班的人根本记不住他们的样子，可有一天，一个原本被忽视的清洁工却成为了企业里的英雄。那天晚上，几个人跑到这家企业里偷东西，回来取东西的清洁工恰好看到了这一幕，他原本是有机会悄悄离开的，但是在转身的那一刻他犹豫了。

眼看着小偷要走了，清洁工来不及细想就冲了出去，死死拽住了其中一个人，同时大喊抓小偷。不一会，保安闻讯赶来，制服了小偷，所幸这些小偷都是些小毛贼，没有带伤人的利器，清洁工只是在打斗中受了皮外伤。事后，有人问清洁工当时为什么不跑，要是对方拿着刀怎么办。清洁工的回答让所有人感到意外，他是这样说的："我转身想离开的时候，脑子里想到了公司的老板，他每次从我跟前走过都会说一句'你扫的地真干净'，那个时候我就想，我要是这么走了是不是有点对不起他。"

　　就是老板这不经意的一句话，也许只是出于礼貌，也许是由衷的赞美，但是这句话却让清洁工愿意为他、为这个公司赴汤蹈火。由此可见，管理者的赞美对员工而言有着多么重大的意义。

　　每个人都希望被赞美，聪明的管理者不妨大方一些，时刻赞美自己的员工，哪怕只是一句简单的"这个意见非常好""真有你的，想出了这么一个好办法"……仅仅是这样，员工也会愿意更努力地去工作，为公司创造更大的价值。

适度关怀，用真情感化员工

每一名成功管理者的背后，都聚集着一批忠于自己的员工。而想要员工忠于自己，就要懂得关爱员工，带来适当的关怀，及时满足员工的需求。

管理者的关怀对员工有多重要，我们看看这个寓言故事就可以明白。很久很久以前，一个商人想要赶着驴去十几公里外的小镇上做生意，当他气喘吁吁地把货物放在驴背上时已经临近中午了。当时正是夏天，气温又高、太阳又晒，可是商人为了赚钱，还是牵着驴子出发了。

没走过远，驴子就累得大汗淋漓，它耷拉着脑袋，喘着粗气说："主人啊！这太阳这么毒，我已经热得不行了，我们在前面的树下歇一歇再走吧！"

商人听了驴子的话，没有露出一丝怜悯，而是抽了驴子一鞭子，吆喝着："我看你就是想偷懒！快些走吧，到了前面的镇子上，有新鲜的干草供你吃，还有清凉的井水供你喝，到那再休息不比在这里休息舒服吗？"商人的话让驴子十分向往，它甩了甩头，强行打起精神，继续赶路。

商人牵着驴子又走了几公里的路，这时他们经过了一个水塘，又热又渴的驴子看到水塘眼睛里露出了光芒，可是商人并没有休息的意思。眼看着就要错过水塘了，驴子哀求着说道："主人啊！让我喝些水、休息一下再上路吧！我实在是坚持不下去了。"

商人听到驴子的话，又一次扬手挥鞭打在了驴子身上，凶神恶煞地咆哮着："现在都什么时候了，你还想休息，我们都快赶不上集市了……"商人向着镇子的方向打量了一下，接着说："前面没多远就到了，到了你就可以好好休息了。"

驴子很想停下来喝口水，但是它惧怕商人手中的鞭子，只能拖着疲惫的身躯，一步一步向前挪动。没走几步，驴子感到眼前一黑，软软地倒在了地上。这下商人慌了神，他走过去用尽了力气想要拉起驴子，但驴子仍然一动不动。商人又不死心地取来了水，可就算他把水洒在驴子身上，驴子也再没有醒过来。

故事里商人目光短浅，为了生意而失去了一头驴，最后生意也没有做成，可以说是赔了夫人又折兵。在实际生活中，如果管理者像商人压榨驴子一样压榨员工，那么员工肯定会奋起反抗，拍拍屁股一走了之，管理者就需要从头开始培养新的员工，这对于管理者而言也是得不偿失。

管理者想要员工全心全意地为企业做贡献，就应该打消榨取员工价值的念头，给予员工适当的关怀，用人文情怀去感化员工。只有这样，员工才会对企业产生依赖，心甘情愿为企业贡献自己的价值。

当管理者开始关怀员工的私人生活时，他们之间就会形成一种羁绊。这种羁绊可以让员工不关注钱多钱少，甘心为管理者工作，甚至当企业面临重大挑战时他们也会义无反顾站出来，即便面对异常艰巨的任务也无所畏惧。

这一点，在很多古装影视作品中也可以看到：

黑漆漆的密室里，一位戴着面具的人问："我平日里待你如何？"

角落里看不清样貌的黑衣人立即表示："您待我恩重如山！"

这个答案让戴面具的人很满意，他点点头继续说："有一件事情让我寝食难安，不知你是否能帮我解决掉！"

黑衣人并没有去问是什么事，而是跪下表明忠心："听候大人差遣，属下万死不辞。"

虽然故事的最后黑衣人未必能落得什么好下场，但是这种桥段也恰恰说明了一件事：恩之所至，士卒赴死。如果一个企业的员工都有这种精神，那么这家企业一定会蒸蒸日上；如果企业的员工有机会拥有这种精神，那么企业的管理者一定对他们关怀备至。

领导对于员工的关怀不需要太刻意，没必要去关注员工是不是有房有车、生活压力大不大，有时候只是简单的几句话就能够让员工感到自己被重视。

一名员工有段时间愁眉不展，主管询问了才知道，他的孩子患有哮喘，当时孩子病犯得厉害，他十分心疼孩子，但是也没有办法根治孩子的哮喘，所以一直在发愁。

几天以后，员工准备下班时，发现主管站到了他身边。员工疑惑地看着主管，以为主管要跟他说一些工作上的事情，这时主管开口了："孩子的病怎么样了，有没有好些？"

员工很明显没有想到主管会问自己这件事，先是有些错愕，接着回答："还是那样，每年一到春天就会变成这个样子。"

主管点点头说道："我前两天遇到一个朋友说认识这方面很权威的老中医，我托他帮我约了老中医，今天刚回复我说老中医周末有时间，到时候你带上孩子去老中医的诊所看看吧！一会我把地址发给你。"

听了主管的话，员工有些激动地说："我上次只是跟您随口说说，想不到您居然这么惦记我，真是太感谢了！我，我现在激动得都不知道说什么了。"

主管拍了拍员工的肩膀，说道："我帮你解决后顾之忧，也是在帮我自己啊！总之你别太担心了，遇到问题咱们一起想办法。"

无论老中医是否能治好孩子的哮喘，都不会影响员工感激主管的心。

给员工适度关怀，考验的是管理者的情商和口才。如果管理者特意把员工叫进办公室说这件事，员工或多或少会感到一丝窘迫，甚至还会怀疑主管是否真的想帮助自己。而口才不好的管理者，会硬生生把一件为员工着想的事情说的像是施舍对方，或者让对方感觉只是做表面功夫。例如，如果主管最后说的那句话换成"你最近老是想着这件事，都没精力关心工作了，要是这次把你的事情解决了，你可得给我好好工作"，那么整件事情的意味就变了。

管理者对员工的适度关怀，关键就在于真实，只有管理者发自真心地关怀员工，才能用真情感化员工。否则，只会让员工以为自己做错了什么事情，遭到了管理者的"报复"，或者是站在一边观看管理者自导自演的闹剧。

这样说，让新员工快速度过磨合期

每一位管理者的职业生涯中都会面临无数的新员工，如何培养新员工也是管理者们共同的话题。一般来说，新员工可以分为两类，一类是刚刚走出校门、没有工作经验的应届生，这类新员工就像是一张白纸，另一类则是有工作经验的，或者从事过相关行业的新员工。

无论新员工是不是具有一定的社会经验，作为管理者，必须为他们打造新员工养成计划，使新员工能够以最快的速度融入公司和工作团队之中。

通常情况下，新员工入职后的6个月的为培养期，这时候企业的作为能够体现企业对于人才培养的重视程度。根据数据显示，新生代员工离职率的主要高峰期有两个，一是在新员工入职两周内，二是在新员工入职后的半年到一年。一个员工离职往往会造成企业经营成本的浪费，同时还要扩招并培养新员工，需要企业消耗更多的成本。

因此，管理者的责任不光是培养新员工，还要留住新员工，这也是降低企业经营成本的一种手段。

新员工刚来到公司时，管理者要做的就是鼓励对方融入公司。新员工对于同事、公司管理制度等各方面都不够了解，对于公司也并没有太明显的归属感。这时的新员工比较在意自己的表现，希望在领导心中塑造一个好形象，所以做事情会小心翼翼，减少错误发生的频率，对于工作更加不敢怠慢。针对新员工此时的心理，管理者应该宽容对待其错误，主要通过引导、鼓励的方式来让新员工适应工作环境，进而融入公司。

比如，工厂里招聘了新的质检员，是一位刚刚步入社会、没有任何工作经验的女孩，最开始做这份工作的时候，她特别用心，努力不让自己放过任何一个细节，可即便如此，她的检出率还是不够理想。这个时候管理者往往会做出这两种决定：要么让女孩把产品带回去，重新检查一遍，直到合格以后才可以下班；要么安排女孩去做另一个工作，重新找一个人来做质检员。

上述的两种决定或多或少都会打击到新员工的自信心，严重的话还会让新员工对公司产生抵触情绪。相比较而言，这样的处理方式更加妥当。

主管说："不知道你发现没有，你漏检的产品有一些共性。"

员工支支吾吾说了句："我，我不知道。"

主管说："你刚才看了你漏检的产品，大多是存在划伤或脏污这两个问题，是不是培训的时候对不良产品的标准没有记全面？我看你除了这两种不良没有检出来，其他不良都没能逃过你的眼睛，说明你还是十分认真对待工作的。一会我让领班再做几次示范，你好好看看，把不会、不懂的地方都记录下来。要是有什么不明白的地方，可以直接问领班，问我也可以。好吗？"

用这样的方式和新员工沟通，新员工能够更加清楚地看到自己的错误，整个过程新员工也都是比较放松的，同时还能让新员工学会正确的处理方式，顺带和老员工多交流，加速融入到集体中，可谓一举多得。

还有一些新员工由于没有相关的工作经验，生怕自己做不好一些工作，面对在他看来比较难的工作时会推三阻四，这就是典型的"畏难心理"。这时候，新员工需要的不是一个强迫他尝试工作的管理者，而是需要一个懂策略、口才好的管理者与他进行交流，帮助他增强信心，尽快融入到工作中。

如何才能正确激发新员工的信心？

当新员工说出"我从来没有接触过这类工作，我怕自己做不好"时，许多管理者的回答是"这么简单的事情你都做不了，那你告诉我你能做些什么""我相信你可以的，回去好好做，多练几次就知道怎么做了""大家都是从不会到会的，实在不行你就多看看别人怎么做的"……这些都算不上是妥当的答案，因为从根本上来看，这些回答都没有引导新员工，他不会的还是不会，不想做的还是不想做，事情并没有得到解决。

如果想要正确引导新员工，激发新员工的信心，管理者应该这么问："既然你觉得这项工作你不能完全做好，那么你认为以你的能力可以完成哪一部分呢？"

员工思索后会给出回答，无论回答的是哪一个部分，管理者都可以这样说："既然如此，先不考虑剩下的几个部分，你就先把这一部分做好，我相信你没问题的。"

用这种方式鼓励和引导新员工，可以让对方没有机会寻找借口，也在逐步引导中教会了新员工应对工作的方法与步骤，在增强新员工信心的同时，让新员工积累更多的经验。

当然了，不断鼓励、引导新员工的谈话方式也是一把双刃剑，可以让新员工更快融入公司，但也很容易让一些新员工丧失规则意识。当新员工听了太多的鼓励，就会忽视公司的规则。

一位新员工具有很丰富的工作经验，业绩在部门也是数一数二的，他唯一的缺点就是经常迟到，主管发现后找到了他，并且告诉他："我们公司明确规定，一个月迟到三次的员工会被通报批评，虽然不影响你的绩效，但是对你未来晋升肯定会有所影响。你来公司上班没多久，这次就算是提醒你，以后不要再犯了。"

这样的谈话其实并没有什么威慑力，新员工还是会接着迟到，甚至还会做出其他违反公司制度的事情。如果这种风气蔓延到办公室，大家都会跟着他一起违纪。因为在其他员工看来，公司的规章制度形同虚设，不存在基本的约束力。

针对上述情况，管理者这样说才能够维护公司规章制度的威信："虽然你是新员工，但你来到公司的第一天就已经接受了公司相关的制度培训，公司的制度你应该清楚，只要是公司的一员就必须严格遵守。这个月你多次无故迟到，根据公司规定会被记处分，这次的绩效我会给你评D，希望你能够从中吸取教训，以后不要犯同样的错误。其实你的业绩很好，在众多新员工中也是被看好的那一个，别因为这一些小毛病、小问题就影响了你将来的晋升机会，这就有些得不偿失了。"

管理者可以为新员工提供一定的照顾，但也要有个范围和底线。如果新员工触及规章制度或者出现态度问题，就要坚持原则，不能因为新员工破坏规则。

　　对于新员工来说，直接领导对于他们的影响很大。在磨合期中，新员工就像是等待培育的小树苗，只有得到管理者正确的引导和激励，才能成长为企业需要的优秀人才。

第四章

把话说进员工心里

管理者善沟通，更受下属欢迎

　　拥有强大的沟通能力是一个人成功的关键。在实际工作中，约有七成错误都是由于不懂得如何与人沟通，或者说没有好口才而引起的。

　　对于一个团队而言，需要的不光是一个能力卓越的管理者，更需要一个口才好、善于沟通的管理者。所有的企业都会强调一件事，那就是员工的团队意识，要培养员工的团队意识，如何沟通是一门大学问。因为如果员工和员工、员工和管理者、管理者和管理者之间不能好好沟通，很容易产生矛盾。一旦产生矛盾就会形成内耗，增加企业的运行成本，甚至于影响企业的正常运作。

　　所以，作为管理者，必须要学会沟通，尤其是与上下级之间的沟通。如果一个管理者不懂得沟通，那他一定不是一个合格的管理者。沟通的目的其实很简单，就是为了让管理者传递工作方面的有用信息，同时安排、督促员工完成工作，必要时需要对员工进行指导。优秀的沟通能力无疑是促成管理者成功的必备技能，与员工之间的良好沟通也有利于促进团队内外部的协作能力，同时有利于团队建设。

沃尔玛可以说是无人不知，无人不晓，但它之所以能够成为全球零售业的龙头老大，离不开其公司内部完善的沟通机制。沃尔玛公司创办人萨姆·沃尔顿曾说过："如果必须将沃尔玛管理机制浓缩成一种思想，那就是沟通。因为它是我们成功的关键之一。"正是通过与员工进行深入沟通，沃尔顿才能在短时间内快速掌握了大量的第一手资料，在此过程中也发现了大批人才。

良好的内部沟通能够帮助企业迅速崛起，而当企业面临困难时，管理者和员工之间是否能够及时、有效进行沟通，这一点同样至关重要。美国"9·11"事件导致不少人在灾难中失去生命，其中有许多音响视觉技术公司员工的亲友。事件发生的第二天，该公司首席执行官马克·楼尔就邀请所有员工到办公室来，不是为了让他们工作，而是为了沟通。

在之后的几天里，他和那些因为亲友去世而情绪低落的员工待在一起，一边倾听，一边给予员工抚慰和鼓励。正是因为他付诸了真挚的情感沟通，使公司在灾难面前站住了脚，所有员工一同响应管理者的号召，积极应对突发事件，化悲痛为力量，确保公司能够正常运营。

由此可见，企业管理者管理员工的最大利器就是沟通。正如松下幸之助所说的那样："企业管理过去是沟通，现在是沟通，未来还是沟通。"只要管理者能够灵活运用，就可以为企业发展增添无尽的动力。

因此，管理者应该尽可能与员工多沟通、多交流，管理者一方面可以了解员工的所思所想，另一方面也可以让员工了解自己的所思所想，在思想互通有无的过程中建立更加深厚的关系。适当的沟通还可以消除管理者和员工之间的误会，让对方明白自己的真实意图，这样员工在工作时就可以发挥出最大的效能。

可现实中管理者与员工之间的沟通并没有想象中那么简单。

一位企业家说过：企业80%的矛盾和误会都来自于沟通不畅。一家企业的发展20%靠战略，80%靠执行，执行的80%在于充分的沟通，而企业80%的矛盾和误会也基本都来自于沟通不畅。

说起沟通能力，很多人的第一反应是，这种看不见、摸不着的东西究竟应该从何下手。

其实只要掌握一点就可以事半功倍，那就是开诚布公。在团队合作中，开诚布公地沟通是最重要的环节。如果团队成员彼此之间沟通时遮遮掩掩，总是说一些言不由衷的话，甚至有的员工唯恐天下不乱，经常说一些搬弄是非的话，这些做法会造成团队成员之间彼此不信任，影响原本良好的工作氛围，最终还有可能导致项目失败或企业出现重大的经营失误。

沟通对工作展开有着至关重要的影响。相关研究数据显示，员工80%的工作效率来自于和管理者之间的良好沟通。通过开诚布公的沟通，能够减少团队成员之间乃至于和客户之间由于文化、个性等差异导致的矛盾和冲突，让团队的目标始终保持一致。

例如，某公司组织开会讨论问题，要求所有与会人员坦诚地将自己的想法说出来，最终将所有人的意见汇总，做出更加正确的决定。这本来是一件有利于工作展开的好事，但偏偏某个员工因为不愿意反驳上级领导的意见，在会议上一直唯唯诺诺，不敢说明自己的真实想法。会后，他在洗手间遇到了相熟的同事，于是对同事说"其实我觉得他（上司）的观点不对"，然后开始高谈阔论自己的想法。这种戴着面具工作的人，多半不会坚持自己的观点，甚至不会当着众人的面说出自己的观点，他的行为还会破坏公司内部的沟通渠道，对工作产生负面影响。

微软公司有一个文化叫"开放式交流"，这个文化要求员工无论是在什么场合进行沟通，都要敞开心扉，将自己的观点原原本本地说出来。他们认为，如果在开会时大家出现了不同意见，一定要说出来，不然公司很可能错过一个发展的好机会。

其实Internet（因特网）刚开始的时候，微软管理阶层的很多人都表示不理解，也不愿意在这种"没什么用"的技术上投资。可是几位技术人员不死心，他们坚持提出自己的意见和建议，虽然上司并不理解他们所说的，但还是给予了他们"开放式交流"的权利。很快，这些人的声音传到了比尔·盖茨耳朵里，他决定改变公司的方向，支持Internet发展。

这个例子告诉我们，开放式交流的环境能够保持公司的活力和创造力，微软公司就是最好的证明。

当然了，开放式交流也并非毫无缺陷。如果开放到毫无底线，那就很容易使员工之间或员工和管理者之间造成激烈的辩论，有的还会升级为争吵、打骂。在争执中，处于气头上的双方在理智失控时很有可能说出不尊重人的话，导致人与人之间的关系受到影响。我们都知道两点之间直线最短，可两人之间最短的距离却是曲线，职场上有些话无论如何都不能说，这也是职场沟通的规则之一。

考虑到这一点，微软公司的总裁史蒂夫·鲍尔默又升级了微软的核心价值观，他认为应该把"开放式交流文化"改为

"开放并相互尊重（open and respectful）"。他的做法意在告诉众人，在交流时首先要尊重对方。如果对方的意见让我们感到不同意，可以用建设性的语言提出。管理者在和员工沟通时也要以尊重对方为前提，只有这样才能让沟通的效率最大化。

在一个企业中，懂得如何与人沟通的人，同时也是懂得如何与人合作的人；不懂得如何与人沟通的人，同时也是不懂得如何与人合作的人。一个懂得如何与人沟通的管理者，能够用自己的诚意和人格魅力博得员工的信赖与支持，即使有时候管理严厉了一些，员工也会表示理解并严格执行；而一个不懂得如何与人沟通的管理者，就算是连下十二道"金牌"，员工也不会听进心里去，对待工作也就没有积极性，这样的管理者必然难有大作为。

不同的员工，需要不同的沟通方式

　　管理者在面对不同的员工时，需要用不同的说话方式，这并不是一种虚伪的表现，而是证明管理者掌握了说话的技巧。如果管理者没有掌握这一技巧，还可能给自己带来严重的后果，甚至因此在员工心中留下不好的印象，为以后管理工作的展开留下隐患。

　　有这样一个故事：有一个男人很喜欢文言文和古诗文，说话时也总是"之乎者也"，以此来显示自己有才华。而他的老婆正好与他相反，并不喜欢读文言文和古诗文，更不喜欢老公在生活中模仿古人说话。

　　有一天，两口子休息了，半夜男人突然被一阵刺痛惊醒，他知道这是被蝎子蜇了，于是叫醒了身边的老婆，想让老婆把灯打开，但说话时还是忘不了往日的语气。于是他对老婆说道："贤妻，速燃天灯，为夫为虫所袭！"他的老婆迷迷糊糊醒来，却听到老公说着自己听不懂的话，还以为对方在说梦话，翻了个身又睡过去了。

男人小腿又传来一阵刺痛，蝎子又蜇了他一下，他忍着痛又摇醒了老婆。他见老婆听不懂他之前说的话，就想对老婆形容一下蝎子的样子，说不定能让老婆知道自己的意思，于是他说道："身形宛若琵琶，尾巴似有刚锥，叫一声贤妻，望卿予陋室微亮，以求看清其之模样。"这样说他老婆还是不明白，正说着，蝎子突然爬到他大腿上蜇了他一下，他受不了大喊一声："老婆，开灯，有蝎子蜇我。"这时他老婆总算是听懂了，而他也已经痛得受不了了。

虽然看起来这个故事更像是一个笑话，但是恰恰也说明了在与人说话的时候要注意对方的接受能力，只有找对方式才能引起共鸣。这也是管理者与员工谈话时需要注意的，和员工交谈是为了把自己的观点告诉对方，如果管理者和上述故事中的男人一样，用自顾自的说话方式与员工交流，势必无法达到自己想要的效果。

事实上，看清楚对方的身份是交谈的基本原则之一。管理者只有了解了对方的身份、性格等基本情况，才能在交谈时选择对的说话方式，更好地实现交谈的目的。

儒家学派代表人物孔子经常带着学生们出去讲学，一行人游历四方。一天，他们走到了一个村庄附近，由于旅途辛苦，一行人坐在树荫底下稍作休息，这时其中一个人的马挣脱缰绳跑了出去。众人追赶过去，却始终没有追上，眼看着马跑进附近的农田，吃了农民的庄稼。

正在地里劳作的农夫很快看到了那匹马，就把马给扣下了，不肯放马走。孔子及他的学生就开始商量解决办法，最后一致决定由孔子的得意弟子、口才最好的子贡前去要回马。但是，子贡忽视了自己和农夫的差距，他拿出了平时和同学们辩论的架势，可农夫一句话都没听懂，子贡费劲口舌也没能让农夫放掉他们的马。

看见子贡无功而返，一个刚刚成为孔子学生的人就自告奋勇，得到孔子的许可后，他来到农夫的面前，对农夫说，我们彼此生活的地方靠的那样近，我的马今天吃了你的庄稼，明天你的牛就有可能吃了我的庄稼，你说对不对？我们应该互相谅解才是。

就这样，这个才华远不及子贡的人从农夫手中要回了他们的马，他凭借的就是能够让农夫听得懂的说话方式。

交流要分清楚对象，必须对对方有所了解。子贡就是吃亏在和农夫说话之前忽视了两个人之间的差异，所以无法达到自己的目的。孔子的另一个学生虽然在才华和口才方面都没有子贡那么厉害，但是他说出来的话可以让农夫接受，所以他能够达到自己的目的。

管理者与员工交谈时也是一样，需要用对方可以接受的方式进行。与那些假大空的话和大道理相比，这种平易近人的话语更容易让员工接受。在遇到比较难缠的员工时，管理者更要找对沟通方式，这样才能解决问题。

小T的亲戚是某公司的高管，看到小T毕业后没有找到工作，就在公司找了个适合小T的职位。小T顺利成为这家公司的员工，但这么容易得到的工作，使他有些飘飘然了。小T仗着自己亲戚是高管，经常跟同事闹矛盾，即便是理亏的一方也不肯消停，同部门的人都不愿意和他一起工作，可大家都顾忌到他亲戚这层关系，也都拿他没办法。

有一次，小T和一位同事由于一些小事发生了争执，他便开始得理不饶人，最后闹到了另一个高管那里。高管把小T带进了洽谈室，为他倒了一杯水，然后坐下来语重心长地说："在我还没有了解清楚这件事情之前，我不想评价孰是孰非。不过，我倒是有几句题外话想问问你，不管我说的是对是错，你且先听一听。我听说你背后有很硬的关系，我觉得这个事情是好事，但也不完全是好事。我为什么这么说呢？现在我想问你几个问题。第一个问题就是，你觉得你亲戚希望你表现得好，还是差？"

"当然是希望我表现得好了。"小T毫不犹豫地说道。

高管追问道："既然如此，那么你觉得自己现在的表现属于好还是差？"

"这……"小T一时语塞了，他似乎有些紧张，搓着手心说不出话来。

高管乘胜追击："好，你现在可以不给我答案，我再问你一个问题，你认为自己的做法是在给亲戚长脸还是丢脸？"

高管的问题让小T更加局促不安，他的手心和额头不断渗出汗水，咬着嘴唇一言不发。

高管认为现在时机已经成熟，顺势说出了这番话："我并不清楚你心里是怎么想的，但如果我是你，我的想法很简单，就是既然我有亲戚在公司当领导，那么我就要起带头作用，至少不能成为公司里拖后腿的人。不然一旦出现什么事情，我的亲戚未必能保住我，我还可能会把他也拉下水。我不希望任何人因为我而遭人白眼，更不希望有人因为我而被他人指指点点。你有没有这样想过呢？"

高管说到这里，小T涨红了脸，良久，终于憋出了一句："对不起，经理，是我错了。"

自那之后，小T真的改变了很多，不再因为自己的亲戚是高官就觉得自己高人一等，工作也一直冲在最前面，和同事们的关系也比以前融洽多了。

俗话说"打蛇打七寸"，对于不同的员工，需要不同的沟通方式，这样才能找准对方的"七寸"，把话说进员工心里。

话不在多而在精，提升员工执行力要这样说

一直以来，团队执行力都是管理者的一大痛点。

一个原本非常完美的决策或者计划，传达到下一层时完善度已经降低了20%，执行完以后完善度已经只剩下50%了，所以即便决策或者计划很完善，也总是会有很差的结果。

在企业中，如果员工的工作没按时完成，管理者往往会用"执行力差"这几个字来形容对方。可很多时候员工心中也会愤愤不平：既然说我执行力差，为什么不说清楚我究竟差在哪里啊？这么大一个公司，执行力差的错都要扣在我一个人身上吗？

事实确实如此，总有些管理者喜欢冠冕堂皇地指责员工执行力差，说的太多未免会让人产生怀疑，究竟是员工的执行力差，还是管理者故意推脱责任呢？

执行力差涉及到员工每一个工作环节，如果管理者无法说出员工执行力差究竟体现在哪一个环节，就可以说明管理者在说出"执行力差"这四个字的时候只是为了找一个借口，或许管理者自己也不到任务没有及时完成的原因。虽然"执行力差"这四个字可以暂时堵住员工的嘴巴，可员工却无法真的对管理者心悦诚服。

所以，如果真的是员工执行力差，管理者大可以把具体环节说出来，不要用笼统的方式去指责员工执行力差。管理者假如坚持这样说，就会让员工感到"欲加之罪，何患无辞"的感觉。

然而不可否认的是，员工执行力差一定是执行过程中出现了问题，这问题可能跟员工有关，也可能和管理者有关。管理者常见的问题可以分为以下几种：

1.决策问题

管理者的决策对员工的执行有很大的影响，如果从一开始决策就错了，那么后期无论员工怎么执行都无济于事。

某商学院的教授在授课时给学生们讲了一个寓言故事，是关于老鼠和猫的。自古以来，猫吃老鼠，老鼠怕猫，这是动物的天性。有一窝老鼠整日担惊受怕，因为在它们附近，有一只十分凶猛、擅于捕鼠的猫，许多老鼠都死于它的猫爪之下。为了解决猫的问题，让老鼠们过上安稳的生活，几个鼠领导聚在一起讨论如何消灭猫这个心腹大患。

思来想去，它们明白无论如何自己也没有能力杀死猫，但如果可以知道猫的行踪，就能够提前准备，防止被猫捕杀。这时，一只十分"聪明"的鼠领导提出了一个方案——给猫挂上铃铛，这样猫走过来之前我们就可以听到铃铛声，知道应该躲起来了。

这个方案获得一致通过，可就在一片叫好声中，有一只老鼠问了关键性的问题："那么，谁去做这件事呢？该怎么做呢？"

教授把故事讲完以后就让学生们讨论，大家纷纷发挥自己的聪明才智，帮助老鼠解决问题。有学生说："可以做一个陷阱，让猫走过去的时候把铃铛挂在它的脚上。"还有学生说："可以成立一支敢死队，用自己的牺牲换来整个老鼠窝的太平。"也有同学说："老鼠虽然打不过猫，但是可以用其他办法解决猫啊！比如诱惑猫吃掉有毒的食物，这样不就永绝后患了。"

教授看着大家议论纷纷，但是始终没有一个结论，于是说道："你们回想下，有谁见过身上挂着铃铛的猫？"一时间，原本嘈杂的教室静了下来，大家面面相觑。

事实就是如此，有些想法不可谓之不好，但是想法落到实处还需要依靠其可执行性。试想一下，一个热爱飞行却无缘驾驶飞机的人想要一架飞机，这时候有人提醒他："虽然你造不出真的飞机，但是可以做一台纸飞机，说不定也可以飞。"他觉得很有道理，就去做大型的纸飞机了。但是无论他怎么努力，都没有让纸飞机载着他飞向天空。

我们能说这个人执行力差吗？其实对方的执行力已经很高了，但是战略本身就属于异想天开，即便他再怎么努力，又怎么可能得到好结果呢？企业管理者在做决策时，一定要根据现实情况做出判断，合理的战略部署是员工高效执行的保障，所有脱离实际的决策，都只能存在于管理者的美好幻想中。

2.沟通问题

管理者希望员工具有很强的执行力，但是在做任务交待时，有些管理者并没有讲清楚自己的要求，于是员工只能凭借自己的想法去做事，结果往往得不到管理者的满意。这是很典型的沟通不到位，需要考验管理者的管理水平，也是对其口才的考验。

一个公司的老板让员工去采购复印纸。员工的到命令直奔周边的办公用品店，但到了店里才知道，复印纸分好多型号，他也不知道要买哪种。他看来看去，最终买回了几张B5复印纸。当他把复印纸交给老板时，老板说："你怎么搞的，这点小事都做不好，我要的是A4纸，你这是B5的，这你让我怎么用？"

员工并没有反驳，但心里却想着：你又没告诉我用什么样的纸，我怎么知道。

被老板训斥完，员工又跑出去买纸，这一次他买了十几张A4纸，自认为绝对没有问题了。可老板看到后还是大喊着："你就买了这十几张纸，这怎么够用？"

员工仍旧没有反驳，但心里还是忍不住嘀咕：你又没说要多少。

这一次员工不敢乱买了，第二天他跑去办公用品店买了几包A4纸，心想这一次肯定没有问题了。可老板依旧是大喊道："让你买个复印纸，楼下就有办公用品店，这么点小事你居然花了两天时间！"

这次员工终于忍不住反驳道："你又没有说让我花多久买回来。"

很多人看完这个故事会说，这家公司怕是要倒闭了，老板和员工都不是什么聪明人，这点小事也得耽搁两天。

事实上，许多企业都有类似的问题。管理者交代的问题，无论是否说清楚了，也无论员工是否明白，都不敢也不会多问。可是，如果管理者下达的工作指令是十分笼统的，员工当然不知道应该怎么做。除非是跟在管理者身边工作了许多年，了解管理者的说话风格，才有可能猜中管理者的心思。

让员工依靠猜测和想象去做工作，效率低也是必然的，与员工本人的执行力未必有关系。就像上述例子中的员工，他的执行力差吗？算不上差，毕竟老板交代他的事情他都做了，只是并不符合老板心中的要求罢了。

任何一个企业、任何时刻都面临着执行力的问题，提高员工执行力更是管理者们梦寐以求的。所以管理者要记住，话不在多而在精，在布置任务时，要制定一个可行的方案，并且把自己需求明确告诉员工，确保员工能够领悟，这样员工执行力自然就会提高很多。这个过程也是在考验管理者的口才，只有将信息准确传达出去，员工才能够理解。

如果管理者已经这样做了，员工的执行力还是没有提高，那就是员工自己的问题，需要管理者对症下药。

不一定非要下命令，用建议的口吻效果会更好

　　面对任何人，我们都不应该用命令的口吻告诉别人必须做什么，因为这世界上没有谁理应以服从他人为标准生活着。

　　美国著名的人际关系大师戴尔·卡耐基曾经在其著作《人性的弱点》中向人们分享过自己的一段经历，恰好印证了"用下命令的方式根本无法从根本上解决问题"这句话。

　　卡耐基的住所附近有一个公园，他常常过去散步，以此来打发时间。时间久了，卡耐基对公园里的一草一木就有了强烈的爱护之心，每当他看到树林着火消息时，都会由衷感到难过。

　　其实，在公园内有一块警告牌，上面写着：纵火者将受到处罚。可是公园地处偏僻，周边的警务人员也疏于管理，致使公园内时常发生火灾。有一次，卡耐基发现公园内有火星蔓

延，他急匆匆地跑去找警务人员，并请求对方通知消防队灭火，以防止造成更大的事故。可是警务人员面无表情地告诉卡耐基那不是他负责的区域，这事情和他没有关系。

警务人员的回答让卡耐基十分吃惊，也十分无奈。自那天之后，他决定自己成为公园的卫士，担负起维护公共财产的职责。很快，卡耐基就发现一群孩子在树下生火野餐，这样做极有可能造成火灾，卡耐基必须制止对方。于是他马上跑过去，用非常严厉的口吻对孩子们说，你们知不知道这里不能生火，一旦引起火灾就会被拘捕，同时命令他们马上把火熄灭。

孩子们看着不知道从哪里冲出来的卡耐基，按照他说的话做了。可是他们并没有把卡耐基的话听进心里，等卡耐基的人影消失不见，他们就又把火点了起来。

后来，卡耐基就开始学习如何才能更好地说服他人，他也意识到不能再去命令别人。

当卡耐基在公园里散步又遇到野餐的孩子时，他不再命令对方把火灭掉，而是会这样说：嗨！小伙子们，你们今天玩得开心吗？你们在做什么好吃的呢？看到你们我就想到了自己小时候，那个时候我跟你们一样，喜欢和朋友一起出去野餐，现在想想那真是一段愉快的时光。但是你们可别忘了，在这里生火是件特别危险的事情。我知道你们都是好孩子，不会让危险的事情发生，但是其他孩子如果看到你们在这里生火，他们也会效仿的，如果回家时不记得把火熄灭，这些不起眼的火星就会把周围的树木引燃发生火灾。可能你们并不知道，在公园内点火引起火灾是会被警察带走的。我没有想要干涉你们的意思，只是希望你们玩的时候看好火源，不要让它点燃了周围的干树叶，回家时也别忘了把火灭掉。如果你们以后想要聚餐，我倒是知道一个好去处，你们大可以去那边的沙滩上玩，这样就不用担心会有什么危险了。好了，谢谢你们合作，祝你们玩得愉快。

这样说话的效果连卡耐基自己都震惊了，孩子们没有一丝一毫的埋怨与反感，十分开心地接受了卡耐基的建议。因为卡耐基没有给孩子们下命令，孩子没有感受到别人的压迫，所以他们成功被卡耐基说服了。

管理者在对员工下达指令时也是一样。尤其是当管理者需要说服员工时，下命令只能得到员工的口服心不服，不仅没有发挥说服的真正作用，还有可能让员工产生逆反心理。毕竟，每个人都有独立的灵魂，不甘于像一个机器一样任人摆弄。

如果与员工产生分歧时，管理者一直以下命令的方式解决，那么时间久了，员工自然会觉得管理者只会用领导的身份来压迫别人，没有什么真本事。这时候管理者无论说什么，都是没有说服力的，员工可能连听都不会听。

林肯曾经说过："你不可能强迫别人同意你的意见，但却可以用引导的方式，温和而友善地使他屈服。"这个道理也可以运用在管理者说服员工这件事情上。采用建议的形式来说服员工，其实并不会让人觉得管理者没有权威性，这种方法反而可以体现管理者的高雅和好口才，不但能够起到说服的效果，还能和员工建立良好的关系。

方先生是某公司的管理者，但是他在和员工沟通的过程中从来不会用下命令的口吻。即便是要员工按照他的想法去执行某项工作，他也是用商量的口吻去说的。

当他希望员工去做一件事情时，从来不用"你去做……"这样的句子，而是用"你觉得这样做效果会怎么样呢？"比如他需要秘书拟一份文案，他会先把自己想要看到的内容和表述方式告诉秘书，等秘书表示明白之后，他会再问一句"你觉这些内容是不是足够完善了？"当秘书把文案写好，交给他查阅并询问是不是需要修改的时候，他会说"你看这里，用这样的方式表达，是不是效果会更好一些？"

虽然方先生在公司占据绝对的领导地位，是有权利发号施令的那一个，但他也很明白员工的心理，他知道没有一个员工喜欢老板用下命令的口吻说话，所以他和员工交流时总是带着建议、询问的口气。也正是因为如此，公司的所有员工都对他十分尊敬，认为他是一位百年一遇的好领导。在这样的情绪下，员工一直保持着很高的积极性，公司的业绩也不断突破新高。

　　几乎所有人都是"吃软不吃硬"的，如果管理者一直以高高在上的姿态自居，用主人对待仆人一般的口气说"你去给我干活……""你必须得这样……"，即使员工没有反驳，并且乖乖按照管理者的意图完成了任务，但未必会对管理者心服口服，心中对管理者的印象也未必是好的。

　　没有人喜欢被人拿枪指着脑袋做一件事，也没有人喜欢被命令，即便是对方的领导，也没有权利要求员工一定要按照自己的意愿做，这样做只能让管理者失去员工对自己的尊敬和信任。但是，如果管理者可以改变语气，用商议、建议的方式去和员工沟通，这是在给员工留余地，也是在给自己留余地，员工会因为管理者对自己的尊重而被说服，并对管理者的人品称赞有加。

　　当然，提建议和商讨只是管理者摆脱命令口吻的方式之一，除此之外还有许多方式可以供管理者选择，但不管用什么方式说服员工，规避硬碰硬的说话方式都是有必要的。

站在员工的角度看待问题，
才能把话说进对方的心里

沟通交流是人与生俱来的本能，但并不是所有人都可以做到把话说进对方心里，通过交流获得他人的好感。尤其是管理者和员工交流时，如果不能掌握沟通的语言技巧，很容易造成员工的反感。

有些管理者认为沟通是一件再简单不过的事情，可以想说什么就说什么，完全不考虑员工的心理感受，员工因此不愿意和管理者沟通，事事都要和管理者作对。可能管理者会想不明白，明明自己是对的，为什么员工就是不愿意把自己的话放进心里呢？其实很多事情不管是对是错，员工都没有理由一定要把管理者的话当成圣旨，牢牢记在心里。

把话说进员工的心里，关键在于管理者是不是能够站在员工的角度上考虑问题。

为什么一定要重点强调站在员工的角度思考问题？因为每个人的关注点不一样，对同一个信息的接受能力也不同。举个例子，一个人从宠物店买回来一条宠物狗，走出宠物店他就给自己的老婆打电话，告诉她自己买了一条博美犬，老婆早就想养一条狗，接到电话后十分开心，一直询问狗狗是什么颜色的，好不好看，什么时候才能带着狗狗回来？

这个人很快带着狗狗回家了，老婆表现得十分兴奋，对狗狗又亲又抱，还给狗狗准备了食物和水。过了一会，这个人的妈妈也回到家里，她一看到狗狗，立马躲得远远的，并一直问他有没有给狗打预防针，这狗会不会咬人，能不能送走？

面对同样的一条宠物狗，两个人的反应却截然不同。老婆一直很喜欢小宠物，也一直想养一只狗狗，听说自己马上可以拥有一条宠物狗，她表现得特别开心，因为在她心里，狗狗是可爱、美好的代名词。而妈妈就不一样了，她可能并不喜欢小动物，也从来没想过要养一条狗狗，当在家中看到狗狗时，她想到的是会不会给家人添麻烦，可见在她心中对于宠物狗没有什么好印象。

从婆媳两人之间截然不同的态度就可以看出，对于同一件事物，不同的人的理解会有很大差别。管理者与员工沟通时也会面临同样的问题。

如果管理者只是站在自己的角度看待问题，所说的话未必能打动员工的心。相反，如果管理者和员工交流时站在员工的角度考虑，那么管理者说出的话一定会被员工听进心里去。

例如一家公司要求员工统一着装，但是一名员工偏偏喜欢特立独行，十天里面有九天都不穿工装，这让她的主管感到非常不满，几次提醒她注意着装，不要总是穿奇装异服，可她一直没有听进心里去。终于有一天，主管忍不住当着所有员工的面斥责了她："麻烦你以后注意影响，单位不是你家，既然有规定要求员工穿工装，那么请你执行下去，不要一天到晚穿着乱七八糟的衣服。你看看你，这么穿像什么样子，领导和客户要是见到这样的你，还以为我们部门是多么自由散漫呢！你让客户怎么看待我们公司，整个公司都要因为你受到牵连！"

员工认为自己的着装是一件无伤大雅的事情，但主管当着众人的面指责自己，明显是针对自己，想让自己难堪。这样想着，员工立马还击了主管，并且收拾东西回家了。

其实，主管完全可以在之前提醒员工时解决这件事情。在提醒员工时，主管可以这样说：我知道你们年轻人都喜欢追求时尚和个性，爱美之心人皆有之嘛。再说了，谁不想趁着年轻的时候把自己打扮得漂漂亮亮的，穿衣打扮上注意一些也无可厚非。可是，你现在是在公司工作的时间，还是要考虑公司的规章制度。如果被客户看到，是不是会觉得我们公司管理不够完善，员工之间都是各做各的，不懂得齐心协力。要是客户因此不给我们订单了，我们不是都得失业了。

站在员工的角度看待问题，能够让员工感受到管理者的理解，也能让员工明白管理者不是刻意针对谁，而是为了捍卫公司的规章制度。这样一来，员工的心理防线就很容易被攻破了。

需要注意的是，站在员工的角度看待问题，要做的是"理解"，而不是纯粹想着要怎么样解决问题。

比如，某公司的老员工合同到期，他的上司想要和他续约，可是老员工却拒绝了，同时提出了辞职。上司考虑到老员工的业绩一向很好，且在单位有比较高的声望，便想要说服他留下来。于是，上司把老员工叫到了办公室，以下是他们的对话。

上司："为什么要走呢？我一直这么器重你、培养你，你这样突然走了，我真的很伤心。"

老员工："很抱歉，是我辜负了您的期望。"

上司："一定要走吗？公司真的很需要你，你看公司新接了这么多项目，正是需要人才的时候，你走了公司不光要培训新人，其他的老员工也不知道会怎么看这件事，我很难做的！"

老员工："不好意思，给您添麻烦了，但这件事我想了很久，我已经决定了！"

上司："既然这样我说什么也没用了，你真的是太让我寒心了！"

老员工："……"

这位上司的每一句话都离不开自己或者公司，却唯独没有站在员工的角度去考虑事情，他甚至没有想过问问员工为什么离开，只是想到员工离开后自己要招聘、培训新人，还要稳定军心，自己的压力会很大。面对这样的上司，员工自然铁了心要离开。

那么，聪明的上司是怎么做的？我们来看看。

上司："是出了什么事情吗？为什么突然就要辞职呢？"

老员工："原因有三个，一是经常加班，我的身体受不了；二是工作了这么多年，工资还是没涨上去；三是……三是最近和朋友聊天，发现自己的状态并不够开心，可能我并不适合这份工作吧！"

上司："除了你说的三个问题，还有其他问题吗？"

员工："辞职的主要原因就是这三点吧！"

上司："那好，你提出的问题我们一个个解决。先是加班这件事，我知道最近这段时间大家都很辛苦，那是因为公司最近多了很多订单，所以不得不组织加班，这说明咱们公司正在向着更好的方向发展呢！而且现在加班，咱们以后可以调休，加班工资也比往常多。所谓大河涨水小河满，不正是这个道理吗？你觉得我说的对吗？"

员工："这……"

上司："这样吧！我们先把加班这件事情放一边，现在说说工资的事情。其实不瞒你说，工资这件事情都是上面的统一安排，我没权利干涉，但是我倒觉得今年咱们很有可能加薪。你想啊，公司现在业务这么多，一直不停招新员工，而且还打算再办个分厂，你要是现在就这样离开了，不等于放弃了到嘴边的肥肉嘛，这多可惜啊！你觉得呢？"

员工："这……可，可能是吧！"

上司："咱们再来说说第三点。你来公司也有五年了吧？难道这么长时间里，你都没有没有感到过开心？还是说这五年时间，你在公司里没有遇到一件值得开心的事情？"

员工："其实也不是，咱们部门的同事们关系都很融洽，大家工作之外也经常出去玩，跟大家在一起共事挺开心的。还有，领导您对我也很好，在我刚来时教会我很多东西。"

上司："既然你说了这么多，那你自己也权衡一下，看看自己是不是真的想离开。"

老员工："我……"

上司："其实咱们都共事五年了，咱们部门的同事都很喜欢你，我也很欣赏你的做事风格，你一直对工作认真负责，也热爱帮助其他同事，没有你，咱们部门不会像现在这么好。"

老员工（嘴角上扬，掩藏不住被夸奖后的喜悦之情）："哪里哪里，您过奖了。"

上司："其实我们大家都觉得你各方面都很好，大家共事也这么久了，都舍不得你走，我也觉得咱们部门少不了你，希望你能考虑留下来。"

老员工："但是大家都知道我要辞职了，我现在又说不走了，大家会不会觉得我光说不做，我怕大家会因此笑话我，那多没面子啊！"

上司："怎么会笑话你呢？大家开心还来不及。其实我和咱们经理都很欣赏你，咱们部门的同事听说你要走，都在跟我说一定要留住你，你现在回来了，大家一定会很开心，没有谁会笑话你的。至于工资问题，很快就会进行调整的，相信我！"

如果这样谈话，员工一定会选择留下。这两场谈话的差别就在于管理者，第一场谈话的管理者没有站在员工的角度，只是为了解决公司的问题，而不是真的在乎员工的感受。第二场谈话的管理者就站在了员工的角度，不仅了解了员工为什么辞职，还提出帮助他解决问题，并为对方进行心理建设，这样一来员工真切地感受到上司是很重视自己的，欣然选择留下。

站在别人的角度看待问题是一种学问，也是一种豁达。它能够促进员工与管理者之间的关系，帮助管理者开启成功之门。

第五章

批评也可以很动听

把握批评尺度，让员工信服又不伤和气

在管理员工的过程中，许多管理者都非常头疼一件事，那就是应该如何批评员工。

在平时的工作当中，许多员工会因为各种各样的原因导致工作失误。虽然这些失误未必会影响到企业的生死存亡，但总是出现问题会对公司造成一定影响，这个时候身为管理者就需要对员工进行批评，让对方意识到自己的错误，尽己所能进行补救，并确保以后不会再犯同样的错误。

长远来看，批评员工是一名现代社会管理者必须掌握的手段，它和表扬员工一样，只要用得恰当、合适，就可以起到激励员工、促使员工进步等正向作用。但值得注意的是，如果批评员工的分寸和尺度不合适，就会适得其反。所以说，一名管理者在学习表扬员工的同时，也有必要学习应该如何去批评一个员工。

批评员工确实是一件不容易把握分寸的事情。管理者言辞太激烈，员工自尊心受挫，很可能直接与管理者产生争执，影响同事之间的关系、破坏良好的工作氛围，有的员工甚至可能因此选择辞职。即便有的员工不会轻易选择辞职，但日后对待工作的信心和积极性也会大大降低，最终影响整个团队的工作效率。可如果管理者语气太柔和，员工不知道自己究竟错在哪里不说，可能还会以为管理者只是"做做样子"，以后继续犯同样的错误，甚至变本加厉。

许多事情都要讲究基本的原则，管理者批评员工也不例外。对于管理者来说，批评员工的目的不在于树立自身的形象，而是为了让员工能够意识到，并且改正自己的错误。作为管理者，当员工在工作中出现问题时对其进行批评无可厚非，但一定要掌握以下几个基本原则。

1.不要道听途说

在一个团队中，A和B因为一些小事产生了摩擦，两个人之间一直有矛盾。一天，A发现办公室的书架上少了几份文件，而且B是前一天最后一个走的，于是A偷偷对部门管理者说："B拿走了公司的文件。"部门管理者并没有问清事情原委，就来到B面前质问。

面对部门管理者的质问，B猜出了是A在背后打小报告，但是他并没有挑明，而是对部门管理者说："那些文件昨天临下班时被隔壁部门的人借走了，我本来想今早告诉您的……这是我的失误，给您添麻烦了，我以后会注意的。"B的回答让部门管理者十分尴尬，他回答了一句"哦"就匆匆回到自己的办公室去了，临走前还狠狠地瞪了A一眼。

身为管理者，在对员工进行批评时，必须要弄清事情的原委，再评判员工，才能防止上述例子中的尴尬局面。尤其是出现一些重大问题时，在对员工进行批评前一定要先做好调查取证，不要根据自己的臆断或者是听信了其他员工的小报告就贸然批评员工，这种没有根据的批评会让员工觉得管理者不够公正，是在故意找自己的麻烦。只有依据事实情况展开评判，才能确保每个员工都不会受到委屈，也才能让真正犯错的员工得到教训。

2.不要恶语伤人

张三是某公司某部门的小组组长，虽然他才来到公司一年多，但是因为业绩出众而被破格提拔为组长，是同部门小组组长中能力最好的三个人之一。奇怪的是，张三自从做了小组的组长，"能力强"这三个字似乎就与他绝缘了，他的个人能力没变，可是他所带领的团队业绩却并不好，甚至一度是部门中垫底的那个。更奇怪的是，团队业绩不好说明张三没有好好管理，员工们理应觉得轻松才是，可实际情况是，员工们私下对张三的评价也并不太好。

原来，张三能力出众不假，可是他没有同样出众的口才也是真。平时与他相处倒还好，一旦他发现员工犯了什么错，就会用一些让人难以接受的话语来指责对方，诸如"你怎么这么笨？""上个月你就犯过这种低级错误了，怎么到现在还再犯？""我怎么会有你这么笨的员工？"许多新来的员工都因为受不了张三这种"魔鬼般的说话方式"而选择离职，留下的几个人也是因为还没有找到新工作或是打算混吃等死才选择忍气吞声。

管理者批评员工的初心是希望对方能够及时改正错误，为企业带来更多的价值，而不是为了彰显自我，因此当员工遇到问题时，管理者应该给予正确的引导，不可以恶语伤人，更不可以对员工进行言语攻击。如果员工工作中出现失误，千万不要因为对方失误就把对方骂得狗血淋头，这样只会让员工记恨，就像上述例子中张三的员工一样。如果管理者因为恶语伤人而与员工产生争执，不但无法起到纠正员工错误的效果，还会对企业造成更大的影响。

除此之外，批评员工应该"对事不对人"，不要总是揪着一件事情不放，这样会让员工认为你是一个无法控制自我情绪的人，无法成为一个称职的管理者。

3.不要不顾场合

老刘是某厂子的车间主任，工作近二十年，一直兢兢业业，平时工作中也是乐于助人，与同事们的关系一直不错，可是老刘在年终大会上做的事，让刚进厂半年多的小高和他结了仇。

事情是这样的。小高是个刚刚毕业大学生，一毕业就来到了老刘所在的厂子，成为了老刘的新徒弟。刚刚走出校门的小高揣着一肚子理论知识，但动手能力却让老刘十分头疼。好在小高并不矫情，犯了错时不管老刘怎么骂他，他都虚心接受了，并且一直主动学习，进步也非常快。

即便小高进步飞快，他和老师傅的技术还是有很大差距。在小高转正后的第一个星期，他还是犯了一个错误。虽然对于小高这个行业来说，这种错误也算是常见，但老刘还是狠狠地批评了他，小高依旧和往常一样接受了批评。事后，小高就成了老刘口中告诫他人工作要认真的典型案例。对此，小高虽然有些不开心，却也没说过什么。

很快就到了年终大会举办那天，在会上小高被评为了"十大优秀员工"，老刘作为小高的师父和领导上台发言。一开始老刘说的都是在夸赞小高的话，但很快他就说到了小高的那次错误上，而后就一发不可收拾地说起了小高的种种错误，让小高感觉十分下不来台，两人也因此有了隔阂。

在批评员工的时候，管理者必须要注意场合。每个人都有自尊心，偶尔犯错也是可以理解的，管理者应该根据不同的情况进行针对性的指导。比如当某个员工出现技术性错误时，如果情况允许，管理者可以直接指出来，可以让这个员工知道自己哪里做错了，更好地去改正，也可以让其他员工引以为戒。但是如果员工犯了人际关系等方面的错误，可以单独与员工沟通，让他能够明白自己错在哪里，以及如何补救并避免下次再犯。如果管理者把所有的问题都拿到大庭广众之下进行讨论和批评，就会像上述例子中的老刘一样，让员工感到自尊心受到伤害，不利于员工纠正错误。

4.不要揭人伤疤

王五是公司里有名的"妻管严"，平时同事们没少拿这件事情笑话他。虽然有时候同事取笑王五"妻管严"时，王五也觉得面上挂不住，但也没和哪个同事真的红过脸。

一天，王五正在参加公司的会议，这时他的妻子打来了电话，电话铃声让原本嘈杂的会议室安静下来，整个会议室的人都看向了王五，他只能把电话挂断了。大家准备继续刚才的会议，可还没开始，王五的手机又响了起来，他再一次成为了全场的焦点，在部门管理者责怪的目光下，王五挂断了电话，并且把手机调成了静音。但部门管理者显然动气了，他盯着王五说道："以后要注意场合，开会时手机必须保持静音或关机！"面对部门管理者带着些许愠怒的话语，王五只是淡淡回了一句："哦！"

王五的表现让部门管理者感到十分不舒服，于是他忍不住又说道："有些人要搞清楚自己身在什么位置，工作时间不要做一些无关紧要的事情，如果不想工作，那就回家去，让你老婆养着……"部门管理者的话还没说完，面色铁青的王五就冲出了会议室。

俗话说："打人不打脸，揭人不揭短"。王五的部门管理者显然犯了"揭短"这个巨大的错误。无论员工犯了什么错误，管理者对其进行批评时都应该掌握分寸，不可以当着其他员工的面揭人伤疤，这样只会让事情向更加糟糕的方向发展。所以，管理者对员工进行批评一定要就事论事，不要不分轻重地拿员工的短处说事，否则批评就会变成嘲笑，不但不利于员工改错，还会让员工产生抵触心理，影响上下级关系，同时也会对员工的工作态度产生巨大影响。

以上就是管理者批评员工时应该遵循的基本原则，根据这些原则去批评员工，可以避免与对方造成不和，也能够让对方更加愿意接受批评。

总之，身为管理者，对犯了错的员工进行批评这没有错，但是不分轻重、不知分寸地批评员工，就会事与愿违，甚至造成不可估量的后果。基于此，管理者在对员工进行批评时，一定要把握好尺度问题，让员工信服的同时，又不影响上下级的关系。

对于钻牛角尖的员工要多加开导

世界上不存在两片完全相同的树叶，也不会有完全相同的两个人。

在一个企业中，每一名员工都是独一无二的，他们的性格和想法也是千差万别。有的员工外向活泼，善于交际；有的员工内向腼腆，不善与人交流；有的员工对外界反应敏感，能够抓住当下的热点；有的员工对外界反应迟钝，总是后知后觉。作为一名管理人员，要根据员工的性格进行管理，其中最让管理者感到无力招架的应该就是爱钻牛角尖的人。

相信很多人都不愿意和爱钻牛角尖的人打交道，因为爱钻牛角尖的人实在是太难相处了。每个人身边都会有一些爱钻牛角尖的人，当他们遇到问题时，首先考虑的不是解决问题，而是挖空心思把自己锁进牛角尖里，还不允许别人拉他出来，就好像牛角尖的最深处藏着解决方法一样。可是到最后，非但没能找到解决方法，还会让自己的思想越来越偏激，让事情距离正轨越来越远。所以说一个人一旦钻进了牛角尖，不但会浪费自己的时间和精力，也会浪费身边人的时间和精力，自己难受的同时也会引来他人的厌烦。

身为管理者，同样也不希望自己的员工是一个爱钻牛角尖的人，因为这样的员工不容易管理，一旦钻进牛角尖还可能会影响自身，甚至是整个团队的效率。可即便面试时经过层层选拔，也不能保证员工全部都是不爱钻牛角尖的人，如果碰巧遇上了一个爱钻牛角尖的员工，那么管理工作就会相当棘手，尤其是管理者发现爱钻牛角尖的员工犯错时。

无论是谁都有可能犯错，当管理者批评犯错的员工时，应该根据对方的性格予以不同处理，这也是管理者批评员工时需要掌握的技能之一。当性格外向的员工犯错误时，管理者可以直截了当地说出来，并且要求其改正，这样做通常不会对对方造成心理压力。但如果对方是个爱钻牛角尖的人，这套方法就不可取了。因为爱钻牛角尖的人其实内心都十分脆弱，而且大部分都喜欢记仇，思想也比较偏激。一旦管理者十分直白地批评了爱钻牛角尖的员工，很有可能让对方产生消极和萎靡的情绪，甚至觉得自己受到了不公平对待，日后处处与管理者作对，对以后的工作造成不利影响。

那么，假如有一天管理者发现一名员工犯了错误，而对方恰好是个爱钻牛角尖的人，应该如何批评对方呢？

批评爱钻牛角尖的员工大致可以分为以下几种情况。

1.员工认真工作，但能力或资历不够

小兰大学毕业后来到一家文化公司，由于刚刚接触工作，许多流程都不熟悉，所以她对待工作一直小心翼翼的，生怕自己有哪一件事情做错了。可人难免有疏漏的时候，有一次小兰所做的策划案中出现了两个错别字，主管发现了以后，把小兰叫到办公室，并对她说："我真的不敢相信，你这样一个大学毕业的人居然会犯如此低级的错误，你真应该为此感到羞愧！"在主管长达五分钟的批评中，小兰始终低着头一声不吭，主管还以为她是觉得羞愧，可是小兰出了办公室就躲到卫生间哭了起来，当天下午就递交了辞职报告。其实，主管并不是真的觉得小兰一无是处，只是希望通过这样的方式让她记住教训，没想到小兰的心里无法承受，钻起了牛角尖，以至于造成了这种局面。

管理者在批评这个类型的员工时，应该以开导和教育为主，避免对其进行惩罚和责骂，更不要把其他事情牵扯在内。而且在批评对方时一定要掌握充分的证据，批评过后可以说一些具有鼓励意义的话，让对方明白你对他的期望，同时也表明

你对对方的信任，让对方振作起来。

2.员工有逆反心理

李亮有一名员工叫做小刘，李亮最近发现小刘总是喜欢和他对着干。这事要从一个月前说起，那天大家聚在一起讨论一个策划案，李亮提出要采用图表的形式，但是并没有说明具体用什么样式的图表。讨论结束后，这个项目由小刘负责完成。由于李亮并没有说明图表的样式，所以小刘选择了用表格来呈现，他认为这样子数据展现更精确一些。

几天后，小刘把策划案交给了李亮，李亮看过以后对小刘说："你把这个改一改，我觉得最好是采用饼状图，这样更加能够凸显出数据的对比。"小刘当时并没有回话。第二天，当李亮找小刘要策划案时，才发现小刘根本没有做改动，于是他把小刘叫进办公室，并且批评了他。自那之后，无论李亮在小刘面前提出什么建议，小刘总会提出一个和李亮意见相左的建议，李亮也总是因为这个批评小刘，两个人的矛盾也就越来越深了。

对于这类员工，在与对方沟通时一定要给出清晰明确的回答，一定不要模棱两可，更要避免让对方产生歧义。只有这样，才能避免员工在牛角尖中泥潭深陷，得到让双方都满意的工作成果。

3.员工当众与管理者争执

一天，某公司的某部门正在进行例会，大家在会议上针对一些问题进行讨论并提出解决方案。这样的会议上大家各执己见是一件很正常的事情，但这天不巧的是，部门主管和员工因为意见不合吵起来了。

事情是这样的。主管和员工面对同一个问题提出了不同的看法，两个人分别阐述了自己的观点，希望得到对方的认可。两个人你一言我一语，很快十多分钟过去了，两个人还是没有讨论出个结果，为了不耽误大家的时间，主管说这个问题私下讨论，但是员工却不依不饶，非要即刻讨论出个结果才行。于是两个人又开始辩论，又十几分钟过去了，主管觉得自己和员工这样争执很没面子，于是说了一句："你就是个普通员工，你懂什么？"这句话激怒了员工，两个人在会议室吵了起来，还差点动手。

开会的目的本来就是为了让大家说出心中的想法，但有时候管理者和员工会提出不同的想法，而且谁也无法说服对方，这就很容易产生争论。此时，有的管理者碍于面子，会直接驳回员工的提议，并且指责员工"没见过世面""什么都不懂"。

其实这是非常错误的做法。要知道，召集团队成员参加会议的目的就是为了聚在一起讨论出解决方法，而不是为了彰显管理者的"面子",因此在会议中好的管理者只需要做到三件事,即倾听、询问和鼓励。一旦管理者在员工发表言论时表现出不耐烦,或者直接否定其方案,甚至出言讽刺,就会打击员工的积极性,尤其是爱钻牛角尖的员工,可能还会造成更大的负面影响。

所以说,管理者要学会正确处理其中的关系,如果员工的方案真的不合格,聪明的管理者也会一步步引导员工;如果员工的方案是正确的,开明的管理者会选择采纳员工的方案。

无论是什么性格的员工,管理者都要学会管理,也要学会如何批评对方。面对爱钻牛角尖的员工,管理者需要多花一点时间与其沟通,最好做到一面批评、一面开导。也就是在批评的同时教会对方如何正确面对问题,帮助对方开阔思维,让对方看到美好的一面,从牛角尖里钻出来。

员工效率低，找对原因是关键

　　许多管理者都曾经面对过这样的问题：员工工作效率低下，自己对其进行了严厉的批评，以为这种方式可以促使对方认真工作，提高工作效率，可是结果对方的工作效率非但没有提升，反而有下滑的趋势。

　　不可否认，管理者批评员工时出发点都是好的，旨在希望对方改正错误、提升工作效率。但是，说话是门艺术，管理者在日常批评员工时需要慎之又慎，必须掌握方式和方法。如果没有用对方式，不但无法起到正向的效果，反而会适得其反，让员工的自尊心和自信心受挫，使其产生"破罐子破摔"的心理，进而导致员工的工作效率更低。

　　想要改变员工工作效率低的事实，关键在于找对原因。相信很多人听过这个故事：一个人走进一家餐馆，找了一个位置坐下，服务员走了过来问他需要点些什么，他看了看菜单，要了一份汤。过了一会，服务员端着一碗汤放在了他面前，面带微笑地说："先生，请慢用。"说完转身就要离开。

"等等，"客人叫住了刚刚转过身的服务员，对服务员说道："对不起，这个汤我没有办法喝。"服务员一愣，随即换上了微笑，走过去对客人说："抱歉，先生，我马上给您换一份。"很快，服务员又端着一碗热气腾腾的汤放在了客人面前，可是客人依旧说："抱歉，这个汤我没有办法喝。"服务员只好又将这碗汤端进了厨房，并通知厨师再做一份汤。

厨师看到自己精心烹饪的汤被人退回，而且还是两次，再也按捺不住自己的脾气，直接冲到了客人面前，大声地质问他这汤到底哪里惹到他了，为什么要一而再，再而三地退回，是不是故意来找茬的。客人看着气汹汹的厨师，战战兢兢地说道："这、这汤看起来很美味，但是我真的没有办法喝，我没有汤匙呀！"听了客人的话，服务员才知道自己的理解有误，急忙给客人拿来了汤匙。经过几番周折，客人终于如愿喝到了汤。

这个故事告诉我们，不能全靠自己的猜想去判断别人的想法，遇到问题找对原因才是关键。如果客人第一次说出"这汤没有办法喝"时，服务员能够询问一句"为什么"，也就不会有后面一连串的故事了。

世界上大多数事情都应该遵循这个原则，管理者批评员工工作效率低时也不例外。当管理者因为员工工作效率低而决定批评对方时，不但要尽可能减少批评带来的负面影响，还要弄清楚员工到底因为什么导致效率低下。只有在批评员工前弄清楚事情的症结所在，才能够根据情况作出具体分析，让员工明白自己错在什么地方，同时降低员工对于批评的抵触心理，从而使员工虚心接受并积极改正自己的错误，让批评达到最理想的效果。

这里用一个故事来说明：王然是一家公司的部门主管。有一天上午，他要求助理安排下午的部门会议，但是等他到了会议现场，却发现来参加会议的只有他和助理，他感到十分生气，一是因为他觉得大家对待工作太不认真，二是因为他觉得大家对自己不够尊重。这样想着，他径直走到部门办公室，黑着脸要大家去会议室开会。

员工们面面相觑，不知道主管为什么会发火，前往会议室的路上三三两两都在窃窃私语，却还是没有问出个所以然来。全员到齐后，王然十分严肃地质问大家是不是以后开会都要自己亲自去办公室请才行。王然的话让员工们更加摸不着头脑，几秒钟后，几个资历比较老的员工似乎明白了什么，站起来说自己并没有收到会议通知，其他员工也纷纷附和。

听到员工们的话，王然看向了自己的助理，助理立刻说：

"我已经通知大家了，是他们没有看到，这不是我的问题。"王然当即骂了助理一顿："所有人都说没看到，你还狡辩什么！工作做不好，逃避责任倒学得挺快。"末了又加了一句"愿意做就做，不想做立马走人"。会议中，助理越想越委屈，明明自己在公司的系统里发了通知的，怎么大家都没看到就要怪我自己。这样想着，会议的内容也漏掉了许多，又因为会议纪要不完善被王然批评了许久。

王然想着，自己这样批评了助理，对方一定不会再犯同样的错误了，可是两天后的会议又是只有王然和助理两个人。这一次他想也没想就批评了助理，并且让助理去办公室通知大家来开会，同时提醒助理做好会议纪要，不要再犯上次的错误。会议结束后，王然把助理叫到了办公室，询问助理是不是对自己有什么不满意，为什么一而再，再而三的与自己对着干。助理很委屈地表示自己真的在公司的系统中通知过大家了，而且严格按照公司要求的操作进行的，绝对没有出错。

王然自然是不相信助理的说辞，他让助理在他面前操作了一次。助理照做以后王然很快发现了问题的关键所在，原来助理在系统发布通知时勾选的是"部门经理"选项下的"所有人"，而非"部门"选项下的"所有人"（"部门经理"选项下只有助理一个人，其他员工在"部门"选项下）。也就是说，助理发布的通知只有自己可以看到，而其他人是看不到的。对系统不熟悉的人很难发现两个选项的不同，这也就是助理一直笃定自己没有做错的原因，在王然的指点下，助理很快知道了自己的错处，并且再也没有犯过同样的错误。

管理者要记住，想要通过"打骂教育"式的批评来改善员工效率低的问题是不切实际的，只有找对原因才是解决问题的关键。也只有找对原因，才能够让员工明白自己的问题，这才是达到了批评应该有的效果。

当员工努力过后仍然失败时，
肯定其过程并总结错误

身为职场上的管理者，无论对员工进行批评还是赞扬，都是根据员工的行为对公司造成的影响进行的。

但是，有一类员工会让管理者感到为难，他们对待工作认真努力，工作成果却总是差强人意。当这类员工工作上面临失败时，究竟是应该给予批评，还是应该赞赏对方对待工作的态度，是一件十分棘手的事情。一味批评这类员工，会打击对方对待工作的积极性和热情，还有可能波及其他员工。但碍于这类员工的工作态度而不忍对其进行批评，对方又无法明白自己的问题出在哪里，更不知道如何改正自己的错误，就会造成恶性循环。

那么，当管理者面对努力过后仍然失败的员工时，应该如何处理，才能够让员工乐于接受，且改正自己的错误呢？答案就是，肯定员工的初心和工作过程，同时对其所犯的错误进行总结，并给予鼓励。

从心理学角度来讲，每个人都会本能地对批评有抵触心理，听到批评时不会像听到赞扬时一样表现出愉悦，有些人还会出于本能对自己的行为进行辩解，尤其是一个人努力、认真地对待一件事情时，无论最终结果如何，任谁都无法接受外界的批评和恶意揣测。所以管理者批评员工需要有针对性地进行，不要自顾自地批评对方，这样未必能够让对方改正错误，反而会造成无可挽回的局面。

这就好比一个孩子想要帮妈妈做家务，但是一不小心却打碎了盘子，有的家长会选择斥责孩子"这点小事都做不好"，有的家长却会对孩子说"你的出发点是好的，但是做事还不够当心，以后需要注意"。在这两种教育下长大的孩子，其长大后的性格是截然不同的。

被家长责骂的孩子长大后很有可能会对做家务产生抵触心理，而且面对其他未知的事情都会有同样的态度，觉得自己反正也做不好，干脆不要做了，交给别人去做。这样的孩子对待工作和生活的态度不够认真，很容易被认识的人扣上"好吃懒做""得过且过"的帽子，不容易结交到朋友。

而被批评的同时还能获得家长肯定的孩子长大后会热衷于

做家务，对待生活和工作也充满了积极向上的态度。最主要的是，面对未知的事情时，他会保持一颗勇于探索的心。这样的孩子虽然可能会闯祸，可能会为家长惹麻烦，但是容易结识朋友，能够把自己的生活处理得井井有条，也更有机会闯出一番事业。

上述故事的两种父母其实都是为了让孩子做事当心一些，可是因为方式不同，就会造就不同的结果。其实管理员工和教育孩子在许多方面有共通之处，只有站在对方的角度去看待问题，才能够让对方心服口服。

因此，当员工出现失误时，管理者应该根据事情的性质、危害等信息去决定应该如何处理员工的失误。同时不能忽视的是，员工的态度和出发点，对于明知自己犯错却不肯承认的员工需要大力批评，对于主动承认错误的员工批评要适可而止，而努力过后仍然失败的员工心理压力已经很大了，此时批评对方需要夹杂着鼓励和安慰。

与上述故事异曲同工的还有"保龄球效应"。一天，一胖一瘦的两个保龄球教练在训练各自的队员，巧合的是，来自不同队伍的两个队员一同投出了手中的保龄球，当保龄球沿着轨道划过，两边都是七只瓶子应声落地。

教练们看到了队员的成绩，其中胖教练对自己的队员说："非常好，你打倒了七只瓶子，但是我觉得你的动作似乎有些不到位，你看如果这样做的话，或许能够取得更好的成绩。"这名队员原本还为自己的失误感到懊恼，听到教练这么说，瞬间燃起了斗志，心想下一次一定不要出现这个失误了。接下来，这名队员的成绩越来越好，终于把十只瓶子都打倒了。

而另一边，瘦教练却对自己的队员说："你是怎么投的！没吃饭吗？怎么才打倒了七只瓶子，这成绩说出来不觉得丢人吗？"这名队员已经在为自己的发挥失常感到失落，听了教练的话心里更加失落了，同时委屈和不服的感觉爬上了心头，他心里想着："我已经这么努力了，你都看不到吗？刚才要不是我手滑了一下，也不会出现这个问题。再说了，那不是还打倒了七只瓶子吗？又不是一个都没打倒，这教练，也太吹毛求疵了！"心里这样想着，这名队员的动作也就越来越不标准，成绩自然是越来越差，甚至有一个球直接划出了轨道。

在现实生活中，有的管理者是"胖教练"，能够通过适当的批评让员工变得越来越好，而有些管理者是"瘦教练"，用自己的指责让员工变得越来越差。"保龄球效应"告诉我们，当员工在工作中出现失误后，管理者一味地批评指责很容易引起员工的逆反心理，尤其是一些已经十分努力、对自己的失误或失败十分自责的员工。

但换一种处理方式，即管理者首先对员工认真的工作态度进行肯定，随后与员工一同寻找造成失败的原因，逐步引导对方总结失败的经验和教训。尤其是一些新员工，他们由于刚刚来到单位，有些是刚刚参加工作，难免会担心自己的工作出现偏差，本身就带有极强的心理负担，此时如果被管理者指责，就会陷入深深的自责中，恐怕很难再度投身于工作中。所以管理者要根据"保龄球效应"去解决一些实际问题，让员工心悦诚服地接受批评，同时让员工坚定信心，勇敢战胜工作中出现的种种困难。

有句话叫做"顺势而为"，顺势可以产生一股正向的力量，就像是在背后推了一把正在上坡的人，让对方轻松越过陡坡。而不顺势就会产生阻力，就像是在背后紧紧拖拽住正在艰难爬坡的人，让对方从半坡滑落。一个成功的管理者，就会顺势而为，带领员工顺利爬过一个又一个陡坡。反之，一个只知道对员工百般挑剔的管理者，最后只能和员工一起困在坡底。

人无完人，有欠缺的下属也需要给与认可

俗话说，人非圣贤，孰能无过。无论是工作还是日常生活中，每个人都会有不够完善的一面，说错话、做错事这样的情况更是不可避免。虽然每个人都清楚的知道自己的缺点，但是大家也都不希望别人毫无遮拦地指出自己的欠缺。

但在实际生活中，很多管理者对于有欠缺的员工，都会毫不犹豫，且不留情面地予以严肃的批评。有的管理者为了"杀鸡儆猴"，选择当众批评员工中的"典型人物"，或者是拿有欠缺的员工与优秀员工对比，这会让员工感到十分难堪，就算明面上接受了管理者的批评，背后也会到处抱怨管理者的方式太过激进，不愿意服从管理者的约束。

所谓："尺有所短，寸有所长"。一个团队里总有人出色，有人平庸，身为管理者不应该用一名员工的短处和另一名

员工的长处做对比，更不应该以此得出"你不如某某某"的结论。其实管理者未必是想借此打击员工，只是想发泄心中的不满或是想要激励员工，但这样往往会适得其反，让员工失去信心，同时产生抗拒心理。

既然批评会产生这么多的负面效果，管理者是不是应该考虑只表扬员工，而无论员工做错了什么都不应该批评对方呢？答案是否定的。

因为在实践中，正确、适当的批评是可以帮助一个人进步的。有些管理者会在员工犯错误时毫不吝啬地指出其缺点，是为了防止对方取得了一点成绩就飘飘然，让员工时刻保持清醒的头脑，同时也让员工明白自己和上级的期许有一定差距。

在管理员工的过程中，对于有欠缺的员工，如何指出其欠缺，同时又保留对方的颜面，这是一种处理对待欠缺的艺术。那么，应该怎样去批评有欠缺的员工，才能够让对方开心地接受批评，并且起到激励员工的效果呢？

事实上，对于有欠缺的员工，我们可以采用先扬后抑的方式对其进行批评。所谓先扬后抑，就是指先对员工进行表扬，而后批评其过失。这种批评方式既指出了员工的不足，又能够让员工感受到来自上级的肯定和鼓励，更容易被员工接受的同时，也能够取得更加好的效果。

整个过程可以分为三部分：第一部分是对员工给予认可，

让员工内心感到舒适，更愿意听管理者接下来的话；第二部分是管理者提出相关的建议，但要点到为止，因为每个人都清楚自己的定位，将话题拉得太远会影响批评的效果，将话题谈得太深会导致过犹不及；第三部分是一个合适的收尾，谈话结束时管理者可以说一些具有鼓励意义的话，让员工感受到上级的信赖与支持。

以先扬后抑的方式批评有欠缺的员工，就是用最快捷的方式直达问题的根源，从而瓦解问题。人与生俱来就有一种心理防卫机制，面对赞扬，第一反应就是希望听到对方接下来的话语，而面对他人指出自己的欠缺之处，第一反应是"自己真的那么差劲吗？"而后就会为自己的行为找借口，根本无暇顾及对方后面说的话，这样的批评显然达不到应有的效果。而先扬后抑的批评方式恰好符合人类的最本能的心理需求。这就告诉管理者们，在批评员工时，即便自己是真的指出了对方的欠缺，也需要考量对方的心理，用对方更加愿意接受的方式来表述。

当然了，凡事都有其前提和底线，先扬后抑的批评方式也是有相应的边际的。它的前提是，在使用这种方式批评员工时，一方面要求管理者和员工已经共事很长时间，彼此之间有着深厚的感情基础，也有足够的信任与了解；另一方面要求员工是个"明白人"，他能够听懂管理者说这些话的真实含义，而不是一味沉浸在管理者的表扬中，忽视了自身的欠缺。只有这样，管理者才能够恰到好处地指出员工的欠缺，而员工也才能及时醒悟，起到化批评为激励的作用。

而它的底线就是只针对非原则性、非重大错误。换句话说，在日常工作中，管理者面对员工一些小缺点、小失误的时候，可以采用这种先扬后抑的方式，对有欠缺的员工提出认可，让对方感受到来自上级的鼓励。这样就可以让批评转化为激励，让员工不断进步。

带有表扬性质的批评是一种强有力的管理手段，需要管理者拥有宽阔的心胸和良好的涵养。有些管理者总喜欢斤斤计较，就好像一个穿着光鲜亮丽前来参加酒会的富豪，由于服务生不小心撞了他一下就开始大喊大叫，这不是为了让服务生改正错误，而是为了让自己找寻成为"上帝"的感觉。可是，当一个大老板和一个员工斤斤计较的时候，他的涵养早就不知道丢到哪去了。这样的老板，在管理员工时又能好的到哪去呢?

第六章

说话攻心，优秀管理者的谈判力

管理者需要掌握的谈判对话技巧

拥有强大的谈判力是管理者需要具备的特质之一。

谈判需要一些技巧，这方面的技巧可以作为一门艺术来看。其实很多人都没有意识到，谈判就像是开锁，只有用对了钥匙才能打开锁，只有说对了话才能让自己成为谈判胜利的一方。

谈判时一句恰到好处的话，可以让管理者成功赢得谈判；一句不得体的话，可以毁掉一次谈判。事实证明，管理者掌握足够多的对话技巧，就等于拥有良好的语言交流能力，在谈判时可以形成双方之间的润滑剂，避免出现尴尬、争执等问题，让谈判以更加愉快的方式进行。而管理者如果不懂得对话技巧，语言表达能力不足，不仅对于推进工作十分不利，也会影响谈判过程，导致双方之间产生误会甚至冲突。

因此，作为管理者，有必要掌握谈判时的对话技巧。

1.语速适中

在谈判时，管理者的语速十分重要。语速太快，对方未必能听清楚你说了什么，还可能因为没有听清某一些词句的发音导致误会，而且会感觉你像机关枪一样烦人；语速太慢，又会让对方感觉你老态龙钟，就像电影《疯狂动物城》里的树懒一样，让对方失去听下去的耐心。

从一方面讲，语速太快也会让人感觉发言的人不够自信，生怕被人阻止发言一样。如果对方真的是这么认为的，那么管理者在其心中的形象就会大打折扣，谈判过程也就不会那么顺利。

因此，在谈判时需要保持适当的语速，既可以让对方全盘接受你的信息，也不会耽误太久时间。

2.控制音量

没有谁喜欢聒噪的声音，谈判时尤其如此。谈判并不是根据哪一方的声音大小就能决定结果的，如果管理者在此时说话音量过大，只会让对方感觉没有素养，失去继续谈判的兴趣。而声音太小又会让人觉得不自信，同样不利于谈判。

要知道，谈判并不是仅仅依靠说话就可以的，谈判者的行为、语气等都会影响最终的结果。所以管理者在谈判时需要根据场合切换音量，如果是在相对私密的环境，尽量把声音压低一些，让对方可以听见就好，不要给对方造成压迫感；如果是比较空旷的场所，声音不要太小，防止对方听不清自己说了什么。

3.注意措辞

如果一个管理者不善言谈，那么他的思路多半也会狭隘简单，没有什么文化修养，这样的表达能力又让他们没办法做到以理服人，谈判时会表现得措词生硬、言行粗鲁，甚至动辄将一些命令式、绝对化的语句挂在嘴边，让人感觉十分生硬，仿佛想要拒人于千里之外。

有些管理者为了掩饰自己的缺点，会走向一个极端，那就是无论谁提出不同的意见，不管孰是孰非都要拼命反对到底。而另一方面，他们并不一定会认真听别人发言，却总想着在语言上压倒对方，以为口才好等于斗嘴，把别人堵得说不出话来就算是成功了。

这样的思想和行为带到谈判中来必然是无法成功的，除非对方出于一些原因不得不妥协，否则谈判只能以失败告终。

4.逻辑清楚

在谈判时，如果管理者没有清楚的逻辑，对方就没有办法快速了解他的意思，双方的沟通也就没有办法取得太大的效果。

所以，管理者在开口之前需要将逻辑理清楚，将主干思想讲出以后，再进一步描述细节。具有高超对话技巧的人往往会组建一个发表意见的结构，比如"一二三"的结构，再比如由远及近的结构。无论使用哪一种结构发言，都能够让发言更有层次，通过循序渐进的方式，不但让对方明白自己的想法，也可以让对方更乐于接受自己的主张。

说话严谨也是逻辑清楚的表现之一，也就是说出的每一句话都经得起推敲，能够自圆其说的，不会让对方听了以后认为你是在胡言乱语。

5.保持真诚

在谈判时一定要让对方感受到自己的诚意，这就要求管理者说话必须真诚，不能有任何的虚假和做作，否则一旦谎言被拆穿，谈判也就会到此为止了。

不光说出口的话要保持真诚，心里也要保持真诚，不要以为自己内心的想法别人没办法察觉。事实上，有些人是可以通过别人的只言片语、肢体动作、面部表情等信息猜出对方内心的真实想法，如果内心不够真诚，就会弄巧成拙，倒不如敞开心扉，用自己真实的一面来参与谈判。

6.适当幽默

在谈判时难免有剑拔弩张的时刻，管理者要学会如何处理和缓解这种情况。通常情况下，适当的幽默感能够让谈话氛围更加愉快，也是改善双方之间坏情绪的好办法。即便是谈判这样严肃的场合，也可以搭配适度的幽默，这样能够让谈判双方的距离拉近，沟通的效果会更好。

但需要注意的是，幽默也要保持在合适的范围内，不要把低俗当幽默，也不要看到对方脸色不好就不停讲笑话逗对方笑，这样就显得喧宾夺主，忘记表达的目的了。

7.点到为止

在谈判时有些管理者一时激动，说出的话不经过大脑思考，胡乱答应对方一些条件，到了后期又百般抵赖，不承认自己说过那些话，这样也会导致谈判最终失败。所以谈判时管理者说话一定要点到为止。

另外一点就是，不要把原本简单的一件事说得太复杂，还需要对方费尽心力去理解你的长篇大论，这对对方来说是一种不尊重。也不要把话说得太绝对，世事无常，所有事情都是有可能变化的，所以谈判时应该留些余地给自己。

8.平等对待

无论谈判桌的对面坐着谁，管理者都应该一视同仁、平等对待，不要因为对面坐着的是员工，就摆出一副无所谓的样子，也不要因为对面坐着的是客户或上司就点头哈腰。这样做不尊重员工，也会让客户和上司看低自己。

对话的实用技巧其实有很多，重点就是多听、多看、多练，等到管理者积攒了足够的经验，就会变成具有高谈判力、说话攻心的优秀管理者。

赢得胜利的前提，是不打无准备之仗

说到谈判，参加者大多情绪紧张，这是因为谈判的结果与自己的利益有着直接或间接的关系，即便管理者是为了公司进行谈判，归根结底也是为了自己的利益。

谈判的成功与否主要取决于谈判者的表现，而其他的外界因素也会对谈判结果造成影响，因此谈判其实是一件充满悬念的事情。恰恰是由于存在这种悬念，才给出色的谈判者提供了展现才能和智慧的平台。

谈判一般可以分为几个阶段：准备阶段、商谈阶段、建议阶段、决策阶段。对于参加谈判的人来说，这几个阶段都是十分重要的。但是在这几个的阶段中，正式开始谈判前的准备阶段既能够影响后续几个阶段，也是整个谈判过程中谈判者能够尽数掌控的阶段。

虽然我们无法认为谈判前的几天或是几个月的准备工作能够直接决定谈判的结果，但是有一点是可以确定的：通常情况下，没有经过准备就进行谈判的人，很少有机会获得有利于自己的谈判结果。

正所谓"不打无准备之仗，不打无把握之仗"，管理者面对谈判必须要提前做好准备工作，对于谈判前的准备阶段可以先从自身入手。

1.提高自身水平

谈判的成功与否与谈判者的能力和素质有直接关系。谈判其实是一种说话艺术和说服艺术，考验了一个管理者的表达能力、判断能力、应变能力、学识素养等多个方面。谈判讲究即时性和尖锐性相结合，这就要求管理者一定要具有较高的素质，才能快速应对对方提出的问题，这也是为什么拥有高超谈判能力的都是高素质、高能力的人。

在谈判时，不同的能力可以帮助管理者完成不同的事情。

表达能力可以让管理者简明扼要地表达自己的观点。通常情况下，谈判双方需要在很短的时间内达成一致，而且有的谈判会需要很多人参与，留给每个人发表意见的时间并不多，这就要求管理者在有限的时间里将自己的想法尽数表达出来。表达能力强的管理者往往可以简明扼要地说出自己的想法，但是表达能力差的管理者未必就有那么幸运了,可能话说到一半时间就到了。另一点就是,为了实现谈判目标,管理者所说的每一句话都必须是围绕着有利于实现自己目标的那个方向,这也很考验管理者的表达能力。谈判进行到一定时候,还需要打动对方,所以管理者的言辞需要拥有极强的感染力,这些要求管理者必须具备高明的说话技巧。

判断能力可以让管理者分析当前的局势,并选出有利于自己的方面。在谈判时,管理者可以根据自己已知的对手情况,筛选出哪些信息是有利于自己的,哪些是并不具备任何价值的,并根据已知信息判断出对手的实力,以及可能会用到的谈判方法等,这些要求管理者具有很高的判断力。即使是在谈判的过程中,管理者也需要观察对手的表现、言语,从而对当前谈判局势进行整体的分析,进而选择有针对性的应对措施。也就是说,综合考虑双方的目标及共同利益,提供一套有利于双方的备选方案,以期达成最终的谈判协议。

应变能力可以让管理者快速反应,用来回击对方。应变能力建立在判断能力基础上,但是又与判断能力有着明显差别,它主要是根据管理者自己的判断,找出能够破解对方攻势的办法。在谈判的不同阶段,管理者也要采取不同的应变措施,这样才有有利于谈判结果向着目标发展。同时,对方会根据你的应变措施而做出不同反应,此时也要根据对方的反应调整应变措施，有时候甚至还得将自己谈判的底线一降再降。

学识、经验等综合能力可以让管理者的语句听起来更加优美，处理问题更为稳妥，成为谈判的加分项。这需要管理者在实践中不断累积，但许多管理者都单纯地以为只要在谈判之前抽出几天乃至几个小时就可以做好准备，并且实现自己的最终目标，这种想法基本上是异想天开，除非对方也是抱着同样的想法。即使在谈判之前来不及做好准备，综合能力强的管理者也能轻而易举地和对手展开谈判，因为这是一种基础能力，也是更加重要的能力。

总的来说，管理者应该着力于提升自己的各方面的能力。也许有的管理者马上就要面临谈判，来不及做这么复杂的准备工作，但是完全可以在现有能力的基础上让自己进一步提升，让谈判多一分胜算。

2.明确谈判目标

实际上，在面对谈判时，管理者要做的无非是两件事：一是明确自己的目标，二是谈判时竭尽所能实现自己的目标。当然，确立目标并不是那么简单的一件事情，因为管理者在确定目标之前必须综合考虑很多因素，并且就算定下了目标，也不见得就不会更改。

最稳妥的方法是，明确自己的底线。通常情况下，谈判的最终结果是在谈判双方的底线之间浮动，因此可以将目标设定在这个区间内，之后管理者要做的事情就是向着自己的目标努力。

在谈判过程中，为了更好的达成自己的目标，可以将目标分解，让目标就有更高的可操作性。有时候需要经过多次谈判才能达成整体目标，这时就需要管理者将目标分解，并逐一实现。

3.调整心态

无论管理者面对的是与员工谈判，还是客户谈判，都要保持良好的心态。尤其是在和客户谈判时，不要过分关注对方的实力，即便此次合作关系到公司的发展，也要保持足够的冷静和信心。对方既然愿意和你一起坐在判桌前，一定是因为你们之间存在着共同利益。这就说明，在谈判时双方的地位都是平等的，你们只是坐在一起商讨同一件事情的解决方法。因此，管理者大可不必过于紧张，或者表现得太过卑躬屈膝，这样只会让对方感觉你低人一等，不利于谈判的进行。

如果情况相反，你认为自己的实力在对方之上，是对方有求于你，这也是十分不利于谈判的想法。对方可能会由于态度问题而拒绝与你进行友好协商，一旦如此，无论对方是你的客户还是员工，最后出现损失的人里一定包括你。不卑不亢的心态才是最有利于谈判的，这样的心态可以帮助管理者最大限度地促成谈判的成功。

俗话说"知己知彼，百战不殆"。管理者单纯从自己身上入手还远远不够，还需要尽可能多地了解自己对手的情况。

谈判之前，可以通过各种渠道了解对方的情况，这样有助于管理者做好充分的思想准备，并在谈判之前研究好对策，也好在谈判中掌握更多主动权。

如果是和员工谈判，可以从对方平时的工作表现入手，也可以与他的同事多沟通，以了解这个员工，这样才能知道对方会被什么样的话说服。如果是商业谈判，需要了解的信息包括对方公司的业绩、经营状况、流动资金等，还需要了解一些对方谈判者的基本信息，包括经历、学识、性格等，通过这些信息可以判断对方可能采取的对策，并判断出对方的底线可能是什么。当然，此时的判断未必是正确的，还需要在谈判过程中不断完善或改正。

可能有的管理者认为没有必要做这么繁琐的事情，尤其是与员工谈判时，他们相信自己可以见招拆招，在谈判过程中逐步了解对方。这种想法的缺点显而易见，谈判时了解对方的时间和机会都是有限的，而且不断试探可能还会让局面朝着不利于自己的方面发展。如果可以在谈判之前了解对方，在谈判过程中更进一步了解对方，那么谈判时才有更足的底气。

　　总之，谈判之前的准备工作有用且必要，管理者千万不要让自己打无准备之仗。

营造良好的氛围，事半功倍

不知道大家在交谈时有没有注意到这样的现象：有时候交谈的重点可以轻松表达出来，但有时候却总是说不到点上；有时候我们随口一说，就能够让对方明白自己的意思，但有时候我们努力组织语言，却一直无法向对方解释清楚。

其实，这就是在不同的氛围下人们会产生不同的说话方式。当一个人精神高度紧张、害怕时，他就会变得支支吾吾，甚至说不出一个完整的句子，可当他面对轻松的环境时，又能够在许多人面前侃侃而谈。

比如，一个人在上班时，无论老板问什么他几乎都回答不出来，在老板看来他就是一个太过内向的人。可是在和朋友聚会时，这个人却总是大家的开心果，特别懂得活跃气氛。这就是氛围不同造成同一个人会以不同的方式表达自己。

在谈判时，氛围同样十分重要。谈判的氛围代表了双方的态度，谈判双方是开心还是愤怒，谈判过程是顺利还是不顺利，通过氛围就能够感受出来。一开始营造的良好氛围可以影响谈判人员的心理、情绪、感觉等众多因素，从而引起连锁反应。

也就是说，谈判氛围整个谈判过程和结果有着十分重要的影响，甚至直接关系到整个谈判过程的方向。相对来说谈判是一个比较严肃的场合，不能有打打闹闹的场面，双方分别站在自己的立场，为了自己的利益努力说服对方。但是如果管理者在谈判时一直保持冷冰冰的状态，导致整个现场都死气沉沉的，严肃之余还特别压抑，那么双方多半无法得到能够满足双方需求的有效方案，这样就需要进行一次又一次的谈判，延长了谈判的时间，同时降低了工作效率。

所以，在谈判时营造良好的氛围十分重要。严肃之余也可以让人感觉的温暖、舒适，就像是中央电视台举办的春节晚会，这样的场面不可以说是不严肃的，但是同时又让人感觉很舒适。谈判时也需要这样的效果。

当然，也有的谈判会在相对热烈的环境下进行，这主要取决于谈判双方的性格及两者之间的关系（比如管理者与员工、管理者与同事、管理者与上级等），同时也受到谈判目的的影响。但无论如何，都需要营造一个合适的谈判氛围，这直接影响到谈判的过程是否愉快，从而影响了谈判结果。

史蒂夫·罗斯一直被视为传奇人物，不光是因为他对于市场的敏锐度，还有他卓越的谈判能力。在他打算创立时代华纳公司时，他手头还有殡仪馆业务。当他打算进入更大规模的新行业时，他也决定放弃原有工作。为此他做了很多准备工作，其中有一项就是与凯撒·基梅尔进行谈判，目的是帮助议价小型汽车租赁完成一笔生意。

当时，凯撒·基梅尔拥有纽约市内近60个停车场，罗斯希望基梅尔能够让汽车租赁公司使用他的停车场出租汽车，汽车租赁公司的客户能够获得停车场的使用权，且不需要额外的费用。为了基梅尔答应这件事，罗斯准备让基梅尔从租车费中获得一部分提成。

在和基梅尔谈判之前，罗斯做足了功课，他先是调查了基梅尔，在众多关于基梅尔的信息中，有一条引起了罗斯的注意——基梅尔十分痴迷于赛马，他还专门养了属于自己的马，并且会让它们参加比赛。罗斯眼前一亮，这是一个拉近与基梅尔距离的好机会，因为他身边也有人养马、赛马，所以他对于这方面的知识还是知道一点的。

谈判当天，当罗斯走进基梅尔的办公室，他刻意做了一件事情，这件事情让基梅尔主动和他说起了话，罗斯的行为也被后人称为"史蒂夫·罗斯经典谈判招数"。

罗斯先是飞快地扫视了基梅尔的办公室，很快，他的眼光都锁定在了一张镶了外框的照片上。照片中，基梅尔圈养的一匹马站在一次大规模马赛的冠军组里。罗斯走过去，认真看了一会，然后十分惊讶地喊道：这场比赛的2号马是莫蒂·罗森塔尔的！

听到罗斯的话，基梅尔开心地笑了起来，两个人并没有像平时的谈判一样严阵以待，而是像两个认识很久的老朋友一样用闲谈的口吻聊了起来。他们聊得十分投机，后来还共同操盘了一次十分成功的风险投资，而这次投资的实体最终成为罗斯的首家上市公司。

这就可以看出氛围对于谈判的重要性。在谈判开始时，营造良好的气氛能够帮助谈判双方信息交换得更加顺利和彻底，这是谈判过程中不容忽视的一部分。每个人都渴望得到认可，罗斯就是巧妙地利用了这一点。这是一种十分恰到好处的谈判方式，既不会让对方感到刻意，也能够拉近与对方的关系。想要做到这一点，必须在前期对对方进行足够的了解。

更准确地说，罗斯所做的事情就是一种变相的投其所好，且是用一种不被对方察觉的方式进行的。如果基梅尔办公室中并没有关于赛马的东西，而罗斯为了找话题直接问基梅尔："你喜欢赛马吗？"这样就会显得很突兀，让人感觉不真诚。

除此之外，措辞对谈判氛围的影响也十分重要。假如上述故事中基梅尔的马并没有取得好成绩，而罗斯朋友的马却得了第一名，罗斯就对基梅尔说："这不是我朋友的马吗？你的马是输给了它吗？"那么事情一定会向着对罗斯不利的一方面发展。

所以管理者谈判时一定要考虑情况再说第一句话，这样才有利于打开局面，营造良好的谈判氛围。

当然，仅仅是知道氛围的重要性是没有用的，还需要管理者融会贯通营造良好氛围的方式，在平时经常刻意锻炼自己，时间久了就可以养成自然的行为表现，到了那个时候也就不用通过冥思苦想才能知道如何营造一个良好的谈话氛围了。

有时候以退为进才能更快走到终点

谈判时，管理者未必所有时候都能占据上风，而面对对方的提出的要求又不能妥协，这个时候可以尝试以退为进。

不可否认，在有些时候激进的想法可以让我们充满斗志，更容易成功。但不管不顾一味激进的做法有可能导致两败俱伤，就像是不肯放过对方的鹬和蚌，想要与对方斗争到底，但是却便宜了渔夫。虽然谈判决裂并不一定会导致第三方得益，但是两败俱伤的局面也是谈判者不愿意看到的。

在安徽省桐城市有一个六尺巷，在巷子的背后还有一个广为人知的故事。

清朝康熙年间，文华殿大学士兼礼部尚书张英的家人由于宅子边界的问题与邻居产生了争执，两家人一路闹上了公堂，张家人马上写信将这件事告诉了张英，希望张英可以通过自己的身份解决这件事。

张英看到家书后，并没有像家人一样气恼，而是心平气和地回信道：千里家书只为墙，让他三尺又何妨？万里长城今犹在，不见当年秦始皇。

家人收到回信后感觉十分羞愧，于是主动将墙向自己这边挪了三尺。邻居原本想着，如果张家想用权势压垮自己，那一定要和对方斗到底，但是张家却主动将墙挪了三尺，这让他羞愧难当，于是主动将自己的墙也挪了三尺，而今闻名的"六尺巷"就这样出现了。

临事让人一步，自有余地；临财放宽一分，自有余味。以张英当时的地位，他大可以选择用权力摆平这件事，但他并没有这么做，反而是主动退让，留下了一段美谈。如果他选择的是用权力摆平这件事，那么邻居一定不会善罢甘休，两方都会受损。

在谈判僵持不下之时，完全可以用以退为进的方式进行，再加上幽默的语句，就可以达到化干戈为玉帛的目的，最终实现双方共同获利。

这就是以退为进的艺术。不但可以彰显一个人的豁达，也可以用大家都能开心接受的方式解决问题。

这里和大家分享一个有趣的小故事。一位妻子在翻阅杂志时喜欢上了一款包，她想要借着情人节的机会让丈夫送给自己，但是她深知这款包的价格并非丈夫可以轻易答应的，她思前想后终于想到了一个好办法。情人节很快到了，这位妻子精心准备了烛光晚餐和礼物，当她把礼物交给丈夫后，就开始索要礼物，丈夫自然应允下来。

于是妻子拿出了一本杂志，指着一张钻戒的图片，说自己喜欢这个钻戒，丈夫看了眼钻戒的价格，抱歉地对妻子说钻戒太昂贵了，能不能换个礼物。丈夫一边说着一边随手翻阅着杂志，恰好翻到了妻子看中的那款包，他兴奋地指着图片上的包喊道："老婆你看，这个包很适合你！"。妻子一脸不情愿地看着丈夫，说："你都答应人家了，怎么可以这样！"虽然嘴上这样说着，但是她的内心忍不住窃喜。在丈夫的道歉和一再保证会补上钻戒的声音中，妻子"勉为其难"地接受了那款包。

其实在谈判时，管理者完全可以借鉴这样的技巧，先抛出一个对方不太容易接受的条件，等到时机成熟时在将自己真实的条件透露给对方，那么对方接受起来就会变得很容易。当然，这样做也是有一定前提的，必须是在对方有一定合作意向的前提下进行，否则太吓人的条件会让对方落荒而逃。

在谈判过程中，对方难免会有驳回自己建议或想法的时候，这个时候有的管理者会耐不住性子，为了达到自己的目标，一直围绕着这个话题进行讨论。但是结果往往只能让对方更加不愿意接受，还可能刻意避开这一话题，或者岔开话题，甚至是暂停或终止谈判。

商场并非就是没有硝烟的战场，没有必要在谈判成功后乘胜追击，让对方做出更多的让步，也没有必要在谈判不利于自己时拿出奋力反抗的劲头，让对方接受自己的建议。正所谓和气生财，这是古训，也是现代市场的规则。谈判的根本是双方的共赢，当谈判陷入僵持时，可以以退为进打开突破口。

亚历山德拉·米哈伊洛夫娜·柯伦泰是世界上第一女大使，她曾经担任了苏联驻挪威全权贸易代表。作为一名外交官，她在多个场合展示了自己杰出的谈判力，也包括商业方面。

有一次，柯伦泰需要进购挪威鲜鱼，于是和挪威商人开始了斗智斗勇。在谈判过程中，挪威商人给出的价格令人咋舌，而柯伦泰给出的价格也让挪威商人急得直跳脚。两方互不相让，开始了激烈的对谈，希望通过言语削弱对方的信心。但谈了许久，还是没有一丝进展，谈判陷入了僵局。

到最后，柯伦泰笑着对挪威商人说：好吧，我接受你们提出的价格。如果我的政府不接受这价格，我愿意拿出工资来支付差额。可是，我只能分期支付，可能要支付一辈子。

挪威商人从没有见过这样的谈判对手，当他们读懂柯伦泰话中的深意后，选择了妥协，根据柯伦泰的标准重新制定了鲜鱼的价格。

　　柯伦泰明显采用了以退为进的战术，她先是虚晃一枪，说自己接受对方的定价，但这句话并不是真的，只是为了缓和气氛。而后面的话是为了让挪威商人明白，即便他们说服了自己，也没有办法让苏联政府接受这样高的价格。

　　在谈判时，管理者只需要记住自己的底线和目标，在不违背这两项内容的前提下，适当退步，反而会让谈判更加顺利。

适当沉默，此时无声胜有声

常有人说"沉默是金，开口是银"。虽然只是简单的八个字，却向世人阐述了人际交往中的一条重要规律。

这条规律在一定程度上也适用于谈判。身为管理者，不免遇到谈判这样的情况，谈判的对象可能是员工，也可能是上级，还可能是客户。谈判的目的虽然是开口说话，但是管理者在谈判时过于健谈也可能会引起对方的不满。其实，适当的沉默可以给谈判留下一个宁静的空间。如果能够好好利用沉默，可以带来意想不到的效果。

1.适当的沉默让对方感受威严

一个总是碎碎念的人，会让人感觉是个不自信的人，或者说总喜欢碎碎念的管理者无法让人感受到他的威严。

　　管理者的权威通常来自于他的模范行为、权力、才能、语言表达能力等方面，但适当的沉默也不失为展现权威的时候，由其是在谈判时。人们似乎是与生俱来不喜欢爱唠叨的人，甚至还会给爱唠叨的人起各种外号，用不太友好的词语形容对方。

　　但事实上，爱唠叨的人大多是好心肠、热心肠的人，可即便如此还是改变不了别人因为唠叨而对其产生反感，乃至排斥与对方接触。一旦管理者在谈判时不停唠叨，也会让对方感到反感，可能对方碍于面子不好意思说出来，但是影响谈判结果和自己在对方心中的形象都是必然的。

　　比如，一名员工提出辞职，管理者想要留下他，于是找他谈判，想要知道对方怎样才肯留下。可是管理者说来说去都是一句话"留下吧！公司不会亏待你的"，当他说了十几遍以后，员工终于忍不住结束了对话。事后员工说，其实管理者第一次说这句话的时候，他还考虑留下来，可是管理者一连重复了十几遍，让他没有耐心听下去了。一想到以后工作时还要面临更多这样的问题，他觉得自己还是早些辞职好。

　　俗话说"响鼓不用重槌敲"，管理者一定要避免自己成为一个"唠唠叨叨"的人，否则无论是员工还是客户，都会对其产生不信任和不放心的感觉，由此产生抵触心理，影响谈判的进程。而反过来讲，一个管理者从来不会多说一句无用的话，应该要说的话也从来不含糊，并且不会赘述，适当地保持一定的沉默，谈判时经常可以得到满意的结果，既可以让对方感到管理者应有的威严，又可以让对方更加信任自己。

2.适当的沉默解决矛盾

管理者在谈判过程中，对方随时都有可能因为某件事而产生冲突。当冲突产生时，管理者应该当即表态，并想办法解决问题，以保障谈判继续进行下去，但有时也需要保持适当的沉默。

比如，公司想要抽调一名员工去外地工作两年，但是所有员工都不愿意去，认为时间太久了。这时就需要管理者与员工进行谈判，从而选出一名合适且愿意前往的员工。可在谈判过程中，由于员工说的一句话让管理者感到十分懊恼，于是管理者就批评了他，说他不为公司考虑，诸如此类的话。员工心里也是十分委屈，并不是只有他自己不愿意去，为什么只是批评自己一个人，于是他越想越生气，直接反唇相讥，当面顶撞了管理者。

此时管理者如果严厉反驳，并且以自己的职位向其施加压力，那么员工一定会产生更大的逆反心理，甚至让矛盾演化成争吵、打斗，最终闹得无法收场。不如先行沉默，等到双方都已经将情绪冷静下来，再根据当前的情况谈论这一问题。这

样对解决矛盾、避免冲突都有好处，还可以彰显管理者的良好
修养。

3.适当的沉默帮助思考

在谈判过程中，对方免不了会提出一些问题，这时候管理者可以根据情况进行思索，不必急着回答。可能有的管理者认为快速回答能够显示自己思维敏捷，但是这样不经过思考的回答很容易出现问题。

比如，管理者和客户就合作事宜谈判时，对方询问是否可以提供技术人员予以支持，管理者想都没想就答应了。可回到公司才想起，有一批技术人员刚刚被派出去工作了，留下来的人员只够保持公司运营，没有多余的人手可以外派。最终只能和客户道歉，客户也因此取消了合作。

无论何时，管理者都无可避免会讲话、表态、作出决策，而这些行为都是不能信口开河的，必须经过深思熟虑，确保没问题后才能进行。因此，在谈判中如果对方提出问题，尤其是管理者在谈判之前没有考虑过的问题，一定要想清楚了再回答，不要害怕沉默，此时的沉默是为了更好的抉择。

4.适当的沉默为谈判留白

在谈判过程中，对方可能会提出一些错误的观点，并且

还不允许你纠正。这时可以适当保持沉默，让对方自己去想明白这件事情。或者可以将道理隐藏在故事中，讲完后就保持沉默，让对方自己去领悟。用这样的方式来处理问题，不会让对方感到"丢面子"，在捍卫对方面子的同时，也能带来更多的好感，谈判过程会更加顺利。

比如，两家公司的管理者坐在一起讨论前半年的合作情况，以确定后半年需不需要继续保持合作。正说着A公司的管理者提出关于合作的一件事情，而且恰好还是错误的。这个时候B公司的管理者听出错误了，但他并没有直接指出，而是保持沉默，过了不到一分钟，A公司的管理者说："不对，我好像记错了，应该是这样的。"B公司的管理者听到对方已经说出了正确答案，于是附和："是的，我也记得应该是这样的。"

就这样，两个人继续愉快地交谈着。如果B公司的管理者直接指出了对方的错误，可能就会让对方感觉下不来台，进而将错误归结于B公司的管理者身上，这一定不是B公司的管理者希望看到的。

无论是艺术还是生活，都需要留白，谈判时也不例外，适当的沉默就像是这留白，可以让谈判给人更加"完美"的感觉。